Sibylle Zimmermann

Wo Menschen schöner morden

Wellhöfer Verlag
Ulrich Wellhöfer
Weinbergstraße 26
68259 Mannheim
Tel. 0621/7188167
www.wellhoefer-verlag.de

Titelgestaltung: Uwe Schnieders, Fa. Pixelhall, Mühlhausen
Satz: Creative Design, Lukas Fieber, Mannheim

ISBN 978-3-939540-95-3

Sibylle Zimmermann

Wo Menschen schöner morden

Eine kriminelle Tour durch Freiburg und Südbaden

wellhöfer VERLAG

Autorin

Sibylle Zimmermann, Jahrgang 1956, ist in Freiburg im Breisgau geboren und aufgewachsen. Nach vielen Jahren im anderssprachigen Ausland (Schwaben, Bayern, Berlin, Israel und Australien) kehrte sie schließlich wieder in ihre Heimatstadt zurück.
Sie arbeitet als Schriftstellerin, Redakteurin und Schreibpädagogin (www.kreatives-schreibtraining.de) und schreibt Romane und Kurzgeschichten.
Für ihre Kurzkrimis erhielt sie 2011 verschiedene Auszeichnungen, darunter den Agatha-Christie-Preis und Nominierungen zum Friedrich-Glauser-Preis und zum 1. Deutschen E-Book-Preis.

Inhalt

Kleiner Tod

Im Frühjahr weht immer ein leiser Duft von Zwiebeln über die Gräber. Ich kenne die Düfte zu jeder Jahreszeit, denn ich bin jeden Tag hier. Und warte.

Manchmal gehen Touri-Gruppen an dem Grab des Mädchens vorbei und einmal, als sie ehrfürchtig drum herum standen, wehten ein paar Worte der Fremdenführerin zu mir herüber, sie sagte „diese herzzerreißende Geschichte", und obwohl ich eigentlich dachte, es gäbe nichts mehr in mir, was weh tun könnte, spürte ich in diesem Moment den ganzen Schmerz wieder.

Der alte Friedhof in Herdern ist nur drei Straßen von meiner Kanzlei entfernt, eine kleine Insel der Ruhe mit hohen alten Bäumen. Ideal, um in der Mittagspause die Zeitung zu lesen und etwas zu essen. Oder am Nachmittag ein bisschen zu schlendern und die Düfte aufzusaugen.

So habe ich sie zum ersten Mal getroffen.

Dort drüben hinter der Wiese ist das Grab des Mädchens, auf dem jeden Tag frische Blumen liegen, und angeblich weiß keiner, woher sie kommen. Direkt bei dem Grab gibt es keine Bank, aber offen gestanden ist es mir auch lieber so. Hier kann ich sitzen und beobachten und habe ein wenig Distanz und kann mich wenigstens eine Sekunde oder zwei darauf einstellen, falls sie kommt.

Der Friedhof hat etwas von der Schönheit eines englischen Gartens, aber er ist naturbelassener, der Bärlauch, der im Frühjahr seinen Zwiebelduft verströmt, bedeckt in dichten Feldern den Boden und später im

Jahr wird man die Blumenwiese kniehoch stehen lassen. Auf den Bänken die eine oder andere alte Frau, der eine oder andere lesende Student, das eine oder andere Liebespaar. Düfte, Vogelgezwitscher, Insektensummen. Manchmal klingelt irgendwo ein Handy. Egal wo ich bin, erschrecke ich, wann immer ein Handy klingelt, aber hier ganz besonders.

Wie schon gesagt, ich bin täglich hier. Für eine Stunde. Manchmal spielen in meiner Nähe kleine Kinder, wenn die Mutter auf mich aufmerksam wird, scheucht sie sie weg, so ist das heutzutage, ein Mann alleine auf einer Parkbank ist immer verdächtig. Oder liegt es an meinem Gesichtsausdruck, wenn ich ein Kind ansehe?

Das erste Mal traf ich Christine vor jenem Grab, an dem alle so gerne stehen bleiben.

Sie sah mich an und sagte: „Ich weiß, es ist furchtbar kitschig, aber … es rührt mich so!"

Und ich, weil ich, wenn ich neben einer attraktiven Frau stehe, sehr zu Opportunismus neige, sagte: „Es ist nicht kitschig, es ist romantisch, das ist ein feiner, aber entscheidender Unterschied." Und weil ich merkte, dass ich bei ihr gepunktet hatte, fügte ich noch hinzu: „Man sollte auf diese Platte hier", ich zeigte auf die verwitterte Steinplatte zu Füßen des Mädchens, auf der eine inzwischen unleserliche Inschrift eingraviert ist, „*Kleiner Tod* schreiben, das würde irgendwie passen, finde ich" und kam mir sehr feinsinnig vor dabei.

Während ich hier sitze, beobachte ich aus dem Augenwinkel einen Mann. Es ist nicht das erste Mal, dass er mir auffällt, ich habe fast das Gefühl, als ob er mich beobachtet, mal sitzt er auf einer Bank, mal schlendert er, aber die Kreise, die er anfangs weitläufig um mich zog, scheinen enger zu werden.

Vielleicht bilde ich mir das alles nur ein. Ich weiß, was Schuld und schlechtes Gewissen aus einem machen können, wie verletzlich man wird, angreifbar wie ein enthäuteter Kadaver.

Der Friedhof ist alt und es werden hier schon seit mehr als hundert Jahren keine Menschen mehr beerdigt. Es gibt viele besondere Gräber und Grabsteine, aber das meistbesuchte ist sicher das des Mädchens. Es besteht aus einem länglichen Steinsockel, der ein Bett darstellt, darauf liegt, mit einem steinernen Tuch mit schön herausgearbeiteten Falten bedeckt, ein totes Mädchen. Könnte auch schlafend sein. In ihren Armen liegen täglich frische Blumen. Wenn man sich die Blumen genau ansieht, kann man annehmen, dass nicht alle von einer Person gebracht wurden. Es ist kein Blumenstrauß. Es sieht mehr danach aus, als wären sie einzeln hingelegt worden.

Und das, obwohl sie schon ewig tot ist und niemand mehr leben kann, der sie persönlich gekannt hat.

Nach dem ersten Treffen mit Christine vor dem Grab und einem Spaziergang über den sonnendurchfluteten Friedhof und einem darauffolgenden heißen gemeinsamen Sommer heirateten wir. Sie war für mich wie ein unwirkliches Waldwesen, entsprungen aus der Natur dieses alten Friedhofs. Sie hatte rötlich-blondes Haar, war zierlich und sommersprossig und hatte immer kalte Hände. Alles an ihr zog mich an, alles, sogar die kalten Hände.

Anfangs sah es richtig gut aus für uns, wenn auch das Geld nicht gerade floss. Ich hatte die Kanzlei neu eröffnet, aber wer glaubt, dass ein Rechtsanwalt in den ersten Jahren nennenswertes Geld verdient, der irrt sich gewaltig. Nicht wenn man selbstständig ist, nicht wenn die meisten Klienten Hartz-IV-Empfänger oder alleinerziehende Mütter sind oder beides zusammen.

Zwei Frauen gehen langsam an mir vorbei. „Ich finde es halt schön, dass hier alles so naturbelassen wirkt", sagt die eine, die mit der Tasche über der Schulter, „so ohne Korrekturen, ohne Eingreifen" und macht eine vage Handbewegung über den saftiggrünen Bärlauch hinweg und die gelben Butterblumentupfer.

Ich würde am liebsten hinter ihr her rufen: „Ich bin ganz Ihrer Meinung!"

Früher war ich anders. Ich glaubte mehr an Korrektureingriffe, wollte das Schicksal selbst in die Hand nehmen und notfalls verbessern.

Als wir sechs Monate lang ohne Ergebnis versucht hatten, ein Kind zu bekommen, war ich es, der eines Morgens nach dem Sex in ihr feuchtes Schläfenhaar hinein flüsterte: „Wir könnten doch mal in eine dieser Kinderkrieg-Praxen gehen und uns untersuchen lassen", und als sie ihre rechte Augenbraue hob und zu überlegen schien, sagte ich: „Klar können wir der Natur noch ein paar Jahre ihren Lauf lassen, aber warum nicht jetzt ein Kind bekommen, jetzt, wo du es so sehr willst?"

So war ich.

Der Mann, der mich umkreist, hat eine teuer aussehende Lederjacke an. Sie ist angeraut, dunkelbraun, so in Richtung Old Western Style. Wenigstens schließt das aus, dass er mich ausrauben will, um sich nachher Drogen zu kaufen oder Ähnliches. Als er vorbeikommt, sieht er ein wenig zögerlich zu mir hin und versucht ein Lächeln. Ich sehe weg, deutlich genug, hoffe ich.

Bei der Untersuchung in einer Kinderwunsch-Praxis kam heraus, dass wir beide nicht so richtig fruchtbar waren. Mein Sperma war nicht gerade dicht gesät mit tüchtigen und ausreichend beweglichen Individuen und bei Christine hatte in jenem Monat, obwohl es der Zeitpunkt gewesen wäre, kein Eisprung stattgefunden, nicht im linken Eierstock und nicht im rechten. Als wir zu Hause waren, wiederholte Christine die Worte des Arztes immer wieder. „Nicht im linken und nicht im rechten." Wie ein böses Mantra.

Obwohl der Arzt uns eigentlich viel Hoffnung gemacht hatte, weinte sie die ganze Nacht, ich hatte nicht gedacht, dass es sie so fertig machen würde. Ich selbst wollte auch gerne ein Kind, sehr gerne sogar, aber es war mehr so eine theoretische Sache, ich stellte mir eben vor, wie es mir Fragen stellen würde, eines Tages, und ich ihm die Welt erklärte, oder wie ich später einmal, wenn wir alt wären, Enkel hätte. Denen ich Geld zusteckte. Solche Sachen. Sie aber bekam bei jedem kleinen Kind, das sie auf der Straße sah, feuchte Augen.

In der Nacht nach dem Arztbesuch schliefen wir beide nicht. Ich versuchte sie zu trösten, sagte ihr, dass es kein Problem sei, wir würden das ganze Programm durchmachen, und zwar so lange, bis es klappe und es sei egal, ganz egal, wie viel Geld das koste.

Zu diesem Zeitpunkt kam der Alte zum ersten Mal so richtig in meinem Leben vor. Ich hatte ihn schon, wie es sich gehörte, kurz vor der Hochzeit kennengelernt, ein Schrank von einem Mann, undenkbar, dass Christine seine Tochter sein sollte. Er war mürrisch, unzugänglich und saß in seinem düsteren alten Haus in Zähringen. Ich wusste von ihr, dass er selten da gewesen war, früher, immer auf Montage und alles andere als ein guter Vater.

„Vielleicht", sagte ich zu ihr, als sie immer noch weinte, „drückt ja auch der Alte was ab für sein zukünftiges Enkelkind." Ich sagte das, weil wir beide wussten, dass wir das Geld für die ganze Prozedur, zehntausend Euro oder mehr, je nachdem, wie schnell sich der Erfolg einstellen würde, nicht hatten. Sie hatte nur eine HiWi-Stelle an der Uni und ich hatte jede Menge Schulden und eine teure Miete für die Kanzlei.

„Mein Vater", sagte sie bitter und stützte sich auf ihren Ellbogen, „der gibt uns bestimmt nichts, der wollte ja nicht mal die Hochzeit bezahlen, nicht mal was zuschießen. Wann immer er kann, weist er mich darauf hin, dass alles, was er hat, mit seiner eigenen Hände Arbeit und so weiter und so weiter."

Wir haben es auch ohne ihn geschafft. Mit noch einem Kleinkredit, für den mein bester Freund gebürgt hat.

Und dann kam diese unglaubliche Zeit der Schwangerschaft, in der sie mich immer mit roten Wangen an der Tür empfing und erwartungsfroh ins Kinderzimmer zog. Mir alle Second-Hand-Sachen zeigte, die sie für das Kind frisch erstanden hatte und ich wusste, dass ich nichts tun musste, als alles anzupreisen, um dann auf der Stelle auf den Boden gezogen und mit atemlosen Sex belohnt zu werden. Und das so gut wie jeden Tag!

Heute denke ich am liebsten an diese Schwangerschaftsmonate zurück. Christine mit ihrem triumphierenden Blick. Ihre Rundungen, der Sex auf dem Kinderzimmerboden, der Duft zwischen ihren Brüsten.

Nicht weit von hier liegt eine riesige Platane auf dem Boden. Sie wurde wohl bei einem Sturm entwurzelt. Aus irgendeinem Grund lassen sie sie einfach liegen, quer in der Wiese, lang ausgestreckt wie ein zu Boden gegangener Riese. Heutzutage gefällt mir so etwas.

Und dann der Schock. Melanie, unsere winzige Melly. Zu früh, zu klein, zu leicht, zu unreif. Die Wochen auf der Station, der Brutkasten, die Krisen, das Bangen, wird sie überleben, und dann: wird sie behindert überleben, und dann: wie groß sind die Schäden, geistige, körperliche. Manches ist gar nicht sofort festzustellen. Vieles nicht. Ob sie hört, ob sie sieht, ob sie sich geistig entwickeln kann. Alles unklar.

Christine veränderte sich in dieser Zeit. Aus der zarten Elfe wurde eine sehnige Kämpferin. Sie wurde zur medizinischen Expertin für Frühchen. Kannte jeden Fachausdruck, wusste Bescheid über jede mögliche Komplikation. Es war ihre Art, wie sie diese schreckliche Zeit überleben konnte. Ich hielt mich aus allen medizinischen Details heraus, es grauste mich zu sehr.

Wir schafften es. Sie schaffte es, unsere Tochter, Melly. Und kam nach Hause. Es kam alles so nach und nach in Ordnung. Keine Krisen mehr, die Atmung funktionierte, sie aß, sie wuchs und war lebhaft und rege und kein bisschen behindert. Sie wurde ein Jahr und sie wurde zwei Jahre.

Und schließlich kam der Tag, als ich nach Hause kam von der Arbeit, spät abends, und Christine am Esstisch saß, den Kopf in die Hände gestützt, und weinte.

Eine Untersuchung beim Augenarzt hatte ergeben, dass Melly extrem schlecht sah und vermutlich würde es mit ihrer Sehkraft immer schlechter werden. Christine hatte bereits im Internet die ganzen Fachbegriffe gegoogelt, es war eine seltene, aber mögliche Spätfolge der ganzen Komplikationen, die mit der Frühgeburt zusammenhingen.

„Sie wird blind", flüsterte sie später im Bett, „unsere Melly wird blind!"

Als ich am nächsten Morgen aufstand, war sie nicht mehr im Bett, meine Hand tastete auf ihrer Seite, aber das Laken war kalt. Ich sprang aus dem Bett und eilte ins Wohnzimmer. Sie saß mit ihrem Laptop auf den Knien auf dem Sofa und bevor ich etwas sagen konnte, sprudelte es aus ihr heraus. Eine Klinik in den USA, irgendwo in Kalifornien. Sie waren die Einzigen, die spezialisiert waren auf diese Art von Problem, die Einzigen, die etwas tun konnten gegen diese seltsame Rückbildung dieses winzig kleinen Häutchens in den Augen unserer Tochter.

Am gleichen Tag noch baten wir den Alten um Hilfe und am Tag darauf fasste ich den Plan. Weil ich nicht wusste, was ich sonst tun sollte – wo das Geld hernehmen, keine Bank zahlte mir noch einen Kredit und meine zwei besten Freunde hatten schon gebürgt, der Alte hatte sich verweigert.

Ich muss dazu sagen, zu meiner Verteidigung, ich war bis dahin ein ganz normaler Mensch. Anständig. Sogar als ich pubertierte, war ich nicht kriminell. Klaute nicht mal Kaugummi oder Zigaretten. Das einzige Vergehen, an das ich mich erinnere, ist, ohne Rücklicht mit dem Rad gefahren zu sein.

Der Plan entstand aus meiner Verzweiflung heraus. Und heute weiß ich, dass, als ich ihm das allererste Mal erlaubte, in meinem Kopf aufzutauchen, ich schon keine Chance mehr hatte. Es war jetzt nur noch eine Frage der Zeit, wann ich der Versuchung erliegen würde. Nur noch eine Frage der Zeit.

Bevor ich die richtige Lösung hatte, probierte ich im Kopf viele andere aus. Am liebsten wäre mir gewesen, der Alte hätte sich selbst umgebracht. Sozusagen. Aber ein alter Bärbeiß wie er konnte sich eigentlich nur auf eine Art umbringen und das war mit einem Schuss in den Kopf. Ganz sicher nicht mit Schlaftabletten. So schied Gift-Selbstmord aus, obwohl das viel einfacher für mich gewesen wäre. Ein Schuss in den Kopf war definitiv zu gefährlich. Spuren, Unwägbarkeiten. Nein.

Schließlich kam ich auf die zweitbeste Lösung, genau besehen eigentlich der Königsweg. Bei einem Unfall wird ja noch nicht mal die Polizei eingeschaltet. Wo kein Mord ist, gibt es auch keine Untersuchungen, keine Polizei.

Ich wählte den Abend mit Bedacht.

Christine und ich waren eingeladen bei Freunden. Sie hatten eine Wohnung gekauft und machten eine Einzugsparty. Wir gingen nicht oft aus, aber wenn, dann brachten wir Melly zu dem Alten. Seltsamerweise mochte sie ihn. Und anscheinend mochte er sie, obwohl er sonst immer hart wirkte wie Granit. Er räumte an diesen Abenden sogar sein Bett für sie und schlief selbst auf dem Sofa im Wohnzimmer. Nach dem Tod seiner Frau hatte er ihr Bett mit dem nächsten Sperrmüll entsorgt. „Typisch", hatte Christine gesagt, „so lieblos."

Wenn wir dann zurückkamen nach einem Abend im Kino oder im Jazzhaus, schlief sie immer tief und fest, es hatte nie Probleme gegeben.

An jenem Abend sollte sie wieder bei ihm bleiben und ich hatte keine große Mühe, meinen Plan umzusetzen. Während er und Christine und Melly im Wohnzimmer saßen, ging ich nach draußen, offiziell um auf die Toilette zu gehen. Ich hatte alles vorbereitet. Ich öffnete so leise es ging die Tür zum Keller. Ich schlich mich die Treppe hinunter. Der Keller war gewölbeartig, das Licht war funzelig, es gab nur eine Lampe unten am Ende der Treppe, der Rest des Kellers lag im Dunkeln und auch die Treppe selbst war schlecht beleuchtet. Unten gab es Regale mit Einmachgläsern, „Mirabelle 98" las ich gedankenverloren. Letzte Erinnerungen an seine Frau. Ich nahm mein Handy heraus, checkte sicherheitshalber noch mal, ob es auch eingeschaltet und auf maximale Lautstärke gestellt war. Ich legte es zwischen die Einmachgläser.

Dann ging ich die Treppe wieder hinauf. Sie war steil und hatte hohe Steinstufen. Stufen mit harten Kanten. Rechts und links ein Holzgeländer. Ich holte die Schnur aus der Tasche und band sie quer über der obersten Stufe auf beiden Seiten am unteren Geländerholm fest. In Knöchelhöhe. Es ging definitiv nicht, ohne zu stürzen. Ich hatte es zu Hause schon getestet. Ich bin Perfektionist.

Ich glaubte nicht, dass er den Sturz überleben würde. Aber wenn, dann bestimmt so schwer verletzt, dass er unten liegen bleiben und so niemals die Schnur entdecken würde. Nach dem Abend, wenn wir heimkämen – er gab uns immer den Schlüssel mit, für den Fall, dass er zu tief schlief auf seinem Sofa –, würde ich es so einrichten, dass ich als erster das Haus betrat und die offene Kellertür entdeckte. Dann zügig über die Schnur steigen und laut „Hallo Hallo!" rufen. „Bist du da unten oder hast du nur das Licht angelassen?", schnell weg mit der Schnur und dann den Alten entdeckt und „Oh mein Gott!" geschrien. Und irgendwann natürlich auch das Handy wieder einstecken.

Ganz einfach eigentlich.

Es gab ein paar Sicherheitsaspekte, die ich aber im Griff hatte:

Aspekt 1: dass Melly aufwachte, was bei dem Alten zwar noch nie passiert war, aber ich musste alles bedenken. Sie konnte jedoch die Kellertür nicht öffnen, denn es war eine alte Tür mit hoch angebrachter Klinke, zu hoch für Melly.

Aspekt 2: Dass Christine bei der Rückkehr zuerst ins Haus ging. Ausgeschlossen, denn ich würde gleich zu

Beginn, wenn wir das Haus verließen, sagen, sie solle mir den Schlüssel geben, das Glück spielte mir in dem Falle zu, denn sie hatte schon öfter einen Schlüssel verloren.

Ich hatte alles im Griff.

Ich wollte es wirklich nicht tun. Ich hatte viele Wochen darüber nachgedacht. Dass ich Christine für immer verlieren würde, wenn sie es herausbekam. Dass es nicht richtig war. Dieser Aspekt, sonderbarerweise, machte mir am wenigsten aus. Ich hatte kein Mitleid mit dem Alten. Er war Christine kein guter Vater gewesen und seiner Frau ein missmutiger, laut Christine oft boshafter Ehemann. Und als Schwiegervater konnte man ihn sowieso vergessen.

Nur mit Melly zeigte er immerhin so etwas wie Gefühle. Nicht dass er herzlich war oder so. Aber er ging immer auf sie ein. Wenn sie weinte, nahm er sie auf den Arm und sagte „Was willst du denn, hm?", und wenn sie auf irgendeinen Gegenstand zeigte, sagte er: „Dann holen wir das mal." Umso unerklärlicher war, warum er nicht helfen wollte. Es ging schließlich um sein Enkelkind. Um ihre Augen.

Ich glaube, er war so felsenfest überzeugt davon, dass man eine totale Memme sein musste, wenn man das Geld für seine Tochter nicht auftrieb, und ich denke, er wollte es mir irgendwie zeigen, mir meine Unfähigkeit vor Augen halten.

Ich hatte zwar Angst, aber keine Skrupel. Er war ohnehin alt. Er hatte nicht viel Spaß im Leben, wahrscheinlich nie gehabt. Er war keine Freude, für niemanden.

Ich korrigierte die Natur nur ein wenig. Griff ein.

Moderne Menschen ergeben sich nicht ihrem Schicksal.

Vielleicht war der Fehler der, dass ich Christines Depression nicht als Schicksal hinnehmen konnte. Wann immer ich sie da sitzen und weinen sah, früher wegen der ganzen Frühchenprobleme und später wegen Mellys Augen, war es einfach klar für mich, dass ich verantwortlich für eine Lösung war. Ich suche immer Lösungen und ich finde sie auch. Ich löse die Dinge und Schluss. Heute denke ich, vielleicht hätte es gereicht, sie nur in den Arm zu nehmen und gemeinsam mit ihr unser Schicksal auszuhalten. Vielleicht hätte das gereicht. Aber damals war ich noch anders.

Sie war so schön an dem Abend. Aufgekratzt. Bei dem Alten lief alles genau wie geplant, ich konnte ihm ohne jedes schlechte Gewissen Tschüss sagen und Melly in dem großen Bett schlief bereits. Ich hatte sie mit einem Gefühl der Freude auf ihre kleinen violetten Augenlider geküsst, was die Lider zucken ließ. „Bald“, sagte ich leise, „wird Papa auch dieses letzte Problem noch lösen und endlich wird alles gut.“

Draußen im Wohnzimmer lief der Fernseher und der Alte saß auf der Couch, als wir das Haus verließen.

Das Fest bei Kai und Anne war voll mit Leuten, es gab richtig viel Alkohol, die Raucher standen draußen auf dem Balkon und machten Witze, die Garderobe stand noch an die Wand gelehnt da und alle unsere Mäntel lagen auf einem großen Haufen auf dem Boden. Die Küche stand voll mit Flaschen, Salaten und Desserts und Christine hatte rote Wangen und sah so strahlend aus und hübsch. Es war ein richtig schöner Abend.

Es gab eine Minute, in der ich zögerte. Eine Minute lang dachte ich, vielleicht würde es ja auch reichen, wenn wir wieder öfter weggingen und uns nicht immer nur auf Melly konzentrierten. Vielleicht gäbe es noch andere Lösungen, dickere Brillen für Melly und mehr Optimismus für Christine. Aber dann fiel mir wieder ein, was der Augenarzt gesagt hatte, ich sah meine kleine Tochter mit einem weißen Stock in der Hand an einer Wand entlang tappen und ich gab mir einen Ruck. Ich musste es tun. Zu Kai im Wohnzimmer sagte ich: „Ich glaube, ich habe mein Handy irgendwo im Stapel mit den Mänteln verloren, ich rufe mich grade mal schnell von deinem Telefon aus an."

Ich benutze mein Handy fast nie und habe es auch nur selten dabei. Normalerweise liegt es unbenutzt im Flur auf der Kommode. Deshalb sagte ich das zu Kai in einem Moment, als Christine gerade auf der Toilette war. Nur zur Sicherheit. Ich glaube zwar nicht, dass sie irgendwie misstrauisch geworden wäre, aber bei Christine weiß man nie, sie hat eine Gabe, meine Mimik zu lesen, viele Frauen können das, aber Christine kann es besser.

Kai nickte nur kurz und diskutierte weiter, er bemerkte mich kaum und würde sich später wahrscheinlich nicht daran erinnern. Aber selbst wenn, es wäre egal, denn es wird nie jemand danach fragen, weil nie irgendwer irgendwen verdächtigen wird.

Ich wusste, der Alte schaute den Tatort und danach schaltete er den Fernseher ab und machte sich fertig zum Schlafengehen. Ich rief um viertel vor zehn an.

Ich ließ es lange klingeln. Irgendwann setzte der Besetztton ein. Ich wählte noch einmal und ließ es wieder so lange klingeln. Um sicher zu gehen.

Danach war ich in einer seltsamen Stimmung, diffus wie flirrendes Sommerlicht.

Ich trank sehr offensichtlich und als Christine mich ermahnte – es war abgemacht, dass ich nichts trank und uns dann heimfahren konnte – sagte ich großspurig und glücklich: „Lass uns das Taxi nehmen, wir feiern so selten." Ich zog sie an mich. Sie hatte ihre Haare hochgesteckt und ich legte mein Gesicht seitlich an ihren Hals und atmete ihren unvergleichlichen Geruch ein. Obwohl es noch nicht der richtige Zeitpunkt war, obwohl es da natürlich noch Unsicherheiten gab, machte sich schon ein Triumphgefühl in mir breit.

Wie schön unser Leben sein würde! Wir konnten das düstere alte Haus verkaufen und es würde reichen für Mellys OP und darüber hinaus noch für eine eigene Wohnung und den Großteil meiner Schulden.

Wir wären die ganze Last mit einem Schlag los!

Christine würde endlich unbeschwert lachen, so wie sie früher immer gelacht hatte auf unseren Spaziergängen über den alten Friedhof, an den warmen Sommerabenden oben auf dem Schlossberg im Kastaniengarten, wo sie immer ganz vorne hatte sitzen wollen, um den Blick auf die Stadt und den Sternwald zu genießen. Unsere Radtouren an den Kaiserstuhl und ihr Gekicher, wenn wir nach einer Weinprobe in Schlangenlinien nach Hause fuhren.

Das alles war gerade erst etwas mehr als drei Jahre her. Wie hatte sich unser Leben nur so verdüstern können.

Ich achtete darauf, nicht wirklich viel zu trinken. Ich tat nur so als ob, denn ich hatte noch einen letzten wichtigen Akt vor mir.

Um kurz vor zwölf riefen wir ein Taxi. Christine sagte „Du bist verrückt, was das kostet", denn es würde ja gleich doppelt viel kosten, die Fahrt zum Alten und von dort mitsamt Melly nach Hause. Aber auch sie war durch den Zauber des Abends lockerer geworden, vielleicht hatte ja auch sie sich an unsere fröhliche, unbeschwerte Anfangszeit erinnert. Damals, als wir noch aufrecht gingen und hin und wieder sogar hüpften. Sie hatte mir im Laufe des Abends immer wieder so liebevolle, so leise lächelnde Blicke zugeworfen. Vielleicht sogar – aber daran mag ich gar nicht denken – vielleicht fand sie sich an diesem Abend ja ab. Mit ihrem Schicksal. Mit unserem, meinem, ihrem und Mellys Schicksal. Vielleicht. Sie wirkte fast erleichtert.

Der Taxifahrer war aus dem ehemaligen Jugoslawien. „Kroate", antwortete er auf Christines Frage. Hatte einen harten Akzent und Riesenhände. Wir beide saßen hinten auf dem Rücksitz, wie ein junges, frisch verliebtes Pärchen.

Manchmal, wenn ich an alles denke, sehe ich uns beide noch so. Wie von oben her blicke ich auf uns da auf dem Rücksitz des Taxis. Ich weiß noch, der Stoff der Rückbank war rau. Sie hatte ein Kleid an aus dünnem Stoff, der auch rau war. Seltsam, dachte ich, das passte nicht zu dem luftigen Kleid. „Was ist das für ein Stoff?", fragte ich sie und sie sagte „Organza". Ich fand, es war genau der richtige Stoff für eine Elfe wie sie, nur dass er eben rau war.

Sie schlief eine Minute ein, dann regte sie sich wieder und ich spürte ihre Hand in meinem Schritt. „Ich weiß genau, was wir heute Abend noch machen werden“, sagte sie und kicherte leise und es tat mir leid, dass ausgerechnet ich es war, der ihren Plan vereitelte.

Dann waren wir da. Ich sagte dem Kroaten, er solle fünf Minuten warten, wir holten nur unsere Tochter und dann würde es weiter gehen. Er nickte und stellte den Motor ab. Christine stieg aus und ich rutschte auf ihre Seite, um hinter ihr auszusteigen. Ich ließ extra die Autotür offen, er sollte alles mitkriegen. Christine versuchte sich an mich zu schmiegen, aber ich ging schnell voraus. An der Tür griff ich in meine Manteltasche, fand den Schlüssel und bevor ich aufschloss, sah ich mich um. Christine schlurfte langsam auf mich zu. Der Taxifahrer stieg aus und zündete im Schutz seiner Pranke eine Zigarette an.

Die armen Raucher, dachte ich. Früher hätte er im Taxi sitzen bleiben können und danach ein bisschen lüften. Ich hätte ewig dastehen und sinnlose Gedanken denken können. Ich hätte über die laue Frühsommernacht nachdenken können. Wie aphrodisierend das Frühjahr auf uns wirkt und wie man plötzlich sein Leben wieder entdeckt und eine Leichtigkeit.

Christine, die den ganzen Abend in ihren hochhackigen Schuhen perfekt ausgesehen hatte, bückte sich jetzt und sagte: „Nichts wie raus aus diesen Folterwerkzeugen“ und zerrte an den Riemchen. Das brachte mich wieder zurück und ich rief mich zur Ordnung. Die Schlacht war wahrscheinlich fast gewonnen, aber eben nur fast.

Ich schloss auf, ließ die Tür hinter mir weit offen, damit sie mir folgen und der Taxifahrer alles hören konnte, ich bog um die Ecke, sah die offene Kellertür, aus der das funzelige Licht des Kellers schien, und rief: „Hallo! Ist jemand da unten?“ und dann lief der Plan genauso ab wie ich es minutiös ausgeklügelt hatte. Ich sah ihn nur undeutlich unten liegen, bückte mich schnell, die Schnur war gerissen, das war so nicht geplant, aber egal. Ich hatte mein kleines Taschenmesser bei mir, schnitt die beiden Enden schnell ab und steckte sie in die Tasche. Gleichzeitig rief ich laut: „Wilfried!“ So hieß der Alte, ich hatte es normalerweise immer vermieden, ihn direkt anzusprechen, weil ich von Anfang an fand, es passte nicht zu unserem distanzierten Verhältnis. Jetzt, zum ersten Mal, kam es mir ohne Holpern über die Lippen. „Wilfried, um Gottes Willen, was ... Christine, komm schnell!“

Dieser Mann ist mir unangenehm. Mir ist jede Art von Nähe zu Menschen unangenehm geworden. Nicht weil ich sie nicht mag. Sondern weil ich mich nicht mag.

Er steht vor mir und ich sehe jetzt, er ist ungefähr zehn Jahr älter als ich. Er hat einen ernsten, vielleicht traurigen Gesichtsausdruck. „Darf ich mich hierhersetzen?“ Er senkt den Kopf dabei ein bisschen.

Ich kann schlecht nein sagen, denn die Bank ist groß, aber als er sich neben mich setzt, rücke ich betont weit nach links. Eine Minute oder so stieren wir beide geradeaus, dann wendet er sein Gesicht mir zu, ich sehe es aus dem Augenwinkel.

„Es ist schön hier“, sagt er, „so ruhig.“

Ich sage nichts und nicke nur, ein kurzes, abgehacktes Nicken, ich will ihn nicht ermutigen. Er lehnt sich zurück und sieht wieder geradeaus.

Das Grab des Mädchens besteht zum größten Teil aus dem rechteckigen Steinsockel, auf dem wiederum ihr steinernes Bett, ihr letztes Ruhelager steht. Aber drum herum ist ein schmaler Streifen Erde.

Eines Nachts stieg ich über das Friedhofstor, das abends immer abgeschlossen wird. Ich hatte die Asche, in einem dünnen Seidentuch eingeschlagen, und eine kleine Schaufel dabei und grub ein Loch in diesem schmalen Streifen Erde. Auf der rechten Seite. Dort begrub ich sie.

An jenem Abend, als ich noch draußen vor der Haustür des Alten stand, als der Taxifahrer mit einer schlaksigen Bewegung des ganzen Arms rauchte und Christine sich zu ihren schmerzenden Füßen hinunter bückte, erlebte ich den letzten schönen Moment in meinem Leben. Ich war zwar aufgeregt, hatte Angst, aber es war auch Vorfreude drin, Vorfreude auf ein neues, richtig schönes Leben.

Dann die Treppe, der Blick hinunter, der dunkle massige Körper unten, verdreht, halb im Lichtkegel der einzigen Lampe, halb im Schatten, jetzt laut rufen, die Treppe hinuntereilen, neben dem groben Klotz niederknien. Christine, die im Licht der Tür erscheint, die Treppe herunterläuft, auf der dritten oder vierten Stufe ausrutscht, aber zum Glück nach hinten fällt und die letzten Stufen auf ihrem Po herunter holpert, mit weit aufgerissenen Augen zu mir stürzt, wie ich da neben ihrem toten Vater knie, und ich will sie fangen und trösten, ich, ihr Beschützer, ihr Problemlöser, und sie stürzt vorbei an mir, sieht mich nicht, stürzt vorbei in den Schatten und schreit entsetzlich wie ein Tier.

Der Mann neben mir kann es nicht lassen. Er dreht sich schon wieder zu mir um. Räuspert sich. „Ich habe gesehen, dass Sie meist eine Blume auf das Grab legen", sagt er mit einem Fragezeichen am Ende seines Satzes.

„Nicht meist", sage ich, „immer", mit einem dicken Punkt am Ende meines Satzes, und er sagt nichts mehr.

Ich konnte es mir nicht erklären. Es musste so gewesen sein, dass Melly etwas hörte, dass sie herauskam, verschlafen, ihren Schlabberhasen im Arm. Dass sie und er das Handy im Keller klingeln hörten und er sie auf den Arm nahm und, wie er es immer machte, sagte: „Was willst du? Hierhin? Ja, hierhin", und sie ihm zeigte wo sie hinwollte.

Was mich wunderte, war, dass sie von dem Handyklingeln aufgewacht und herausgekommen war. Normalerweise, wenn bei uns abends das Telefon klingelte, war sie noch nie, nicht ein einziges Mal, herausgekommen.

Ob sie beide gleich tot waren, weiß man nicht. Ein Unfall. Kein Grund, aufwendige Obduktionen zu machen. Dass es ein Unfall war, wurde nie angezweifelt, immerhin stand der Taxifahrer draußen und hatte alles mitbekommen.

Uns traf nicht der geringste Verdacht. Nicht ein Hauch davon.

Wir beerdigten sie beide nach zwei Tagen auf dem großen Stadtfriedhof. Der Alte kam ins Grab zu seiner Frau und Melly in ein kleines Urnengrab. Wir hatten uns für eine Feuerbestattung entschieden und nachdem klar war, dass es laut Gesetz nicht erlaubt ist, die Asche mitzunehmen und an einem Ort seiner Wahl zu begraben, willigten wir eben in das Grab ein.

Nach der Beerdigung gingen wir ins Haus des Alten, um nachzusehen, ob es dort irgendwas zu tun gab. Wir hatten es seit jener Nacht nicht mehr betreten, wussten nicht mal, ob wir überhaupt die Tür abgeschlossen und das Licht ausgemacht hatten. Im Wohnzimmer setzten wir uns erschöpft auf die Couch.

„Sie wird auf diesem großen, unpersönlichen Friedhof nicht bleiben", sagte Christine.

Ich nickte, ohne genau zu verstehen.

„Das Grab auf dem alten Friedhof in Herdern, das mit dem toten Mädchen, das, das du einmal *Kleiner Tod* nanntest, weißt du noch?"

Ich nickte.

„Wir graben sie aus und beerdigen sie dort noch einmal."

Ich sah sie an. Ihre Haare waren verschwitzt und sie hatte einen Ausdruck im Gesicht, seit das alles passiert war, den ich nie vorher an ihr gesehen hatte. Sie war mir fremd. Ein paar Locken kräuselten sich an ihren Schläfen und ihre Augen waren geschwollen. Die Lippen ein bisschen blutig. Ich sah sie an und sagte ja zu ihrem Vorschlag. Es war das mindeste, was ich tun konnte. Unsere kleine Tochter in dem Grab zu beerdigen, wo wir uns das erste Mal getroffen hatten und alles so hoffnungsfroh begann.

Ich sah Christine lange an, es war ein Augenblick von so großer Liebe und so großem Schmerz, dass ich dachte, ich würde jetzt gleich in etwas Schwarzem versinken und sterben.

In diesem Moment ertönte ein lautes Miau aus dem Keller. Wir schreckten beide zusammen. Es miaute wieder. Und wieder.

„Ach", sagte Christine nach ein paar Schrecksekunden und lächelte, „das ist dein Handy."

„Wieso?", fragte ich dumm, denn ich verstand nichts.

„Dein Handy!"

Als ich weiter nicht verstand, sagte sie: „Na, das ist dieser Miau-Ton. Ich habe vor einiger Zeit mal Melly alle möglichen Klingeltöne auf deinem Handy vorgespielt. Es lag hier auf der Kommode, du benutzt es ja nie. Und sie fand dieses Miauen am schönsten. Das hat ihr so gefallen, ich musste es ihr immer wieder vorspielen. Und das ist jetzt wohl immer noch als Klingelton eingestellt."

Es dauerte mehrere Minuten, bis ich kapierte. Wie eine schlecht geölte Maschine sprang mein Gehirn an. Ich hatte es tatsächlich da unten vergessen. Eines der wichtigsten Details des Plans vergessen. Weil eben alles außer Plan gelaufen war. Ab dem Moment, als Christine an mir vorbei ins Dunkle stürzte und ich dort Melly liegen sah, ihren Schlabberhasen noch im Arm, hatte ich an gar nichts mehr gedacht. Kein Plan mehr, keine Details, gar nichts. Ich hatte nur noch funktioniert. Und während mir so langsam und unendlich grausam klar wurde, dass es mein Anruf auf dem Handy gewesen war, der nicht nur den Alten in den Keller, sondern auch Melly herausgelockt hatte aus ihrem Bett, stellte mir Christine die Frage, zu der es nie hätte kommen dürfen, denn sie ist ein Meister im Lesen meiner Mimik und mein Plan war anders gewesen, ich hatte es gar nicht erst drauf ankommen lassen wollen: „Was hat eigentlich dein Handy da unten im Keller zu suchen?“

Wie gesagt, sie ist meisterhaft, wenn es darum geht, in meinem Gesichtsausdruck zu lesen und die Tatsache, dass ich auf ihre Frage tief errötete, ließ in ihrem Kopf ein ganzes Arsenal an Mechanismen anspringen, Zahnräder griffen in andere Zahnräder, Dominosteine kippten um und berührten andere und schließlich kam etwas ins Rollen und ich konnte es nicht mehr halten. Nicht mit meiner tiefen Röte, nicht mit dem furchtbaren Verbrechen in meinem Gesicht.

Sie sah mich an und ihre Augenlider fingen an zu flattern. Sie öffnete den Mund einmal und schloss ihn wieder und bei alldem vertiefte sich meine Röte noch mehr und alles trat deutlicher und klarer zutage. Ich weiß nicht, wie lange wir so saßen und wie lange sie brauchte, um das ganze Ausmaß zu kapieren. Sie kapierte wortlos. Ich sah es genau und ich sagte nichts. Es hätte nichts gegeben, was ich hätte sagen können. Gar nichts. Ich saß nur da.

Irgendwann hob sie den Kopf und sah steif geradeaus. Sie erhob sich schwerfällig und ging zur Tür. Dabei wurde sie immer schneller. Die Tür klappte zu und ich hörte, dass sie draußen zum Auto rannte.

Noch Stunden, nachdem sie gegangen war, saß ich einfach nur da. Ich saß nur da. Ich dachte nichts. Ich hielt nur aus.

Schließlich stand ich auf und holte das Handy aus dem Keller und ging zu Fuß nach Hause.

Ich habe sie seither nicht mehr gesehen.

Manchmal fahre ich am Haus des Alten vorbei und neulich sah ich ein Schild davor: „Zu verkaufen."

Ich sitze hier und warte, jeden Tag. Im Winter, im Frühling, im Sommer, im Herbst, jeden Tag.

Meine Art zu büßen.

Ich lege immer eine Blume auf das Grab. Ich bin nicht der Einzige.

Ich warte auf sie und ich weiß nicht warum.

Was kann sie schon tun? Mir verzeihen? Undenkbar. Ich habe ihren Vater und ihre Tochter umgebracht.

Vielleicht warte ich darauf, dass sie mich erlöst. Eine Entscheidung trifft, was aus mir werden soll. Dass ich mich bei der Polizei melden soll oder mich umbringen oder was auch immer. Ich weiß es nicht.

Wenn ich mir diese wunderschöne verwilderte Parklandschaft hier ansehe, muss ich sagen, ich bin froh, dass sie hier nicht so viel eingreifen in die Natur. Woanders, im Stadtgarten zum Beispiel, sieht es anders aus. Aber wo ist die Grenze?

Der Mann neben mir rutscht mittlerweile unruhig auf der Bank hin und her. Er bereitet sich ganz offensichtlich darauf vor, etwas zu mir zu sagen.

Ich will keine Gesellschaft.

Schließlich ist er so weit: „Entschuldigen Sie", sagt er und räuspert sich wieder, „ich habe schon oft gesehen, dass Sie auch immer am Grab des Mädchens vorbeigehen oder von der Bank aus rübersehen."

Er holt lange Zeit Luft. Ich sage nichts. Er atmet aus.

„Ich", fährt er zögerlich fort und knetet dabei seine Finger auf eine eklige Art, „würde Ihnen gerne etwas erzählen, etwas, das mir … auf der Seele liegt, sozusagen."

Ich sehe hinüber zu dem Grab. Ich weiß, dass auch er immer eine Blume drauflegt, ich habe ihn ein paar Mal dabei beobachtet.

Ich stehe auf und sehe ihn an. „Ich will sie nicht hören, Ihre Geschichte", sage ich, „ich will sie wirklich nicht hören", und gehe davon.

Berlin connections

Ich hätte den Stecker nicht ziehen sollen.

Ich frage mich manchmal, warum Menschen zu Mördern werden. Normalerweise, wenn man Probleme hat mit jemandem, also angenommen, du hast einen Typen, der schlägt dich; als normaler Mensch, wenn alles Reden und Drohen nichts hilft, gehst du irgendwann. Verlässt ihn und tschüss.

Manche Menschen aber morden dann. Es gibt ja solche Gutachten vor Gericht und meist ist es eben die Kindheit. Die schwere Kindheit. Wenn du aber genau hinsiehst, dann hat fast jeder eine schwere Kindheit. Und die morden nicht alle. Ich, zum Beispiel, wäre prädestiniert. Mutter früh abgehauen (und zwar für immer! nie wieder aufgetaucht!), geliebter Papi liefert seine kleine Prinzessin (mich), die sich wie eine Ertrinkende an ihn klammert, bei der mürrischen Oma ab und sagt, nächste Woche komm ich wieder, mein Schatz, und taucht erst nach einem geschlagenen Jahr wieder auf. Verspricht ihr dann aber, sie auf einen schönen Urlaub mitzunehmen, nur sie beide, und schleicht sich am nächsten Morgen, als seine Prinzessin noch schläft, aus dem Haus. Und ist weg!

Verarsche. Volle Verarsche, die ganze Kindheit hindurch.

Ich glaube, wenn's danach geht, nach der fucking Kindheit, da gäb's Ermordete ohne Ende.

Aber ich habe trotz allem erst kürzlich mein eigenes kleines Paradies gefunden. Ja, das gibt's! Gefunden und auch selbst mit erschaffen. Trotz Kindheit.

Mark.

Übers Internet gefunden und plötzlich passte alles. Ich fand ihn gut aussehend, aber das war's nicht allein. Zumindest nicht in erster Linie. Es war viel mehr. Wir waren uns so verdammt ähnlich. Beide Ordnungsfanatiker und beide hochkreativ. Passt eigentlich nicht zusammen, aber war so. Kreativ, vor allem beim Sex.

Über seinem Bett hängt ein Netz, so ein originales Fischernetz mit Muscheln drin und Seesternen. Voll der 70er Jahre Retrolook. Ich glaube, mein Vater hatte auch mal so ein Ding über dem Tresen in seiner Bar hängen. Hab ich natürlich nicht im Original gesehen, nur so auf Fotos, als ich mich irgendwann überwand und seine Sachen durchsah.

Und damit es auch gemütlich war bei Mark, Stimmung und so, hat er eine Lämpchengirlande in das Netz gewebt mit lauter kleinen roten Birnchen.

Vor unserem ersten Treffen haben wir volle drei Monate nur gechattet. Wir mochten das gleiche Essen (scharf), die gleichen Bücher (Hornby zum Beispiel) und wir mögen den gleichen Sex (kreativ, Rollenspiele, jedes Mal anders).

Und als wir uns dann das erste Mal trafen, war alles so selbstverständlich, als würden wir das immer tun. Er fragte, wie willst du's, und ich sagte, so und so, und es war toll. Wirklich toll! Was soll ich anderes sagen? Echt toll!

Sein Bett, die kleinen roten Lichter, das olle Netz – ein Abend bei ihm war immer ein inszenierter Abend. Immer perfekt. Nie halb gut oder so.

Mir gefällt es, wenn die Leute sich konzentrieren können. Bei ihm war es konzentrierter Sex. Nicht während dem Essen schnell in der Küche, nicht nebenher fernsehen oder was weiß ich alles. Nein. Wenn ich ihn traf, dann führte er mich mit diesem knieerweichenden Blick gleich ins Schlafzimmer, wo schon alles bereit war, Lichter, Bett und jede Menge Utensilien.

Oft sagte er, mach mal, und ich ließ mir was einfallen und dann wieder sagte er mir genau, wie es heute laufen sollte, es gab auch bestimmte Nummern, die orientalische oder die Hausfrauen-Nummer mit Gummihandschuhen zum Beispiel und so. Er flüsterte mir seine Wünsche ins Ohr mit dieser erotischen Stimme, dass ich schon nur von der Stimme feucht wurde.

Zwischen den Treffen schrieben wir uns weiter und es war der Kontrast zwischen den offenen und redseligen Mails, in denen wir uns gegenseitig alles gestanden und sagten, dass wir uns liebten, und uns versicherten, dass wir uns ewig treu sein würden, und dann die Treffen mit dem fast wortlosen, inszenierten Sex. Echt prickelnd der Kontrast.

Er war mir immer ein bisschen fremd beim Sex. Wenn er kam und eigentlich auch schon vorher, sah er oft starr nach oben an mir vorbei, als ob er dort in eine andere Welt blicken könnte. So konzentriert war er. Toll.

Ganz ehrlich, es war das Paradies.

Ich hatte auch vorher schon Freunde. Klar waren ein paar Blöde dabei, aber es waren auch richtig tolle Beziehungen drunter. Aber nie war es so wie mit Mark. Nie so … ehrlich. Offen und keine dummen Spielchen.

Keine Eifersucht. Nur wir zwei. Unsere Liebesmails und unsere ausgelassenen Sexspiele.

Hätte ich bloß diesen verdammten Stecker nicht gezogen!

Es war ein Mittwoch. Er war draußen in der Küche und ich musste dringend meine Freundin Alia anrufen. (Sie heißt in Wirklichkeit Lena, nennt sich aber gerne Alia, na ja.)

Mein Handy hatte einen defekten Akku, der ständig leer war, deshalb ging ich nur noch mit dem Ladekabel in der Handtasche aus'm Haus. Mark draußen richtete alles fürs Essen.

Das war auch so etwas. Dass er nach dem Sex immer noch Zeit hatte, meistens kochte er etwas richtig Köstliches und manchmal bestellten wir auch etwas. Und wenn das Wetter gut war, gingen wir noch vor die Tür. Er wohnte in einer tollen Dachgeschosswohnung im Stühlinger, eine der coolsten Locations in Freiburg, finde ich. Da gibt es jede Menge Kneipen und auch wenn du erst um ein Uhr morgens losziehst, findest du noch genug, die auf haben.

An dem Mittwoch hatte Alia mir eine SMS geschickt, weil sie was von 'nem Job für mich wusste. Ich suchte einen Job. Mit mehr Geld. Ich habe immer zu wenig Geld und hab's satt.

Ich räkelte mich also, vom Sex wohlig ermattet, auf dem Bett und sah in das Fischernetz, während wir sprachen. Ich hab's nicht gleich bemerkt. Erst als ich wieder zu Hause war, dämmerte es mir. Ich meine, ich hab ihm echt vertraut. Ja, vollkommen vertraut.

Auch wenn du vielleicht früher schlechte Erfahrungen mit Vertrauen gemacht hast und so, aber dann eines Tages, einfach so per Internet-Chat, landest du im Paradies und Peng, ist es wieder da; das Vertrauen. Nach den ganzen Jahren ohne. Als hätte es sich nur hinter einem Holzstoß versteckt. Vertrauen, hat mein Papi früher immer gesagt, ist wie ein Netz, das dich auffängt, wenn du fällst (sprach's und verarschte mich).

Wie auch immer, wenn du vertraust und dann zeigt dir ein lächerliches kleines rotes Lämpchen, dass alles und zwar absolut alles für'n Arsch war, also den möchte ich sehen, der das so instantmäßig kapiert.

Bei mir ist es erst voll durchgesickert, als ich daheim war.

Dieses verdammte kleine Licht meldete sich immer wieder in meinem Kopf.

Ich hatte ja, als ich bei ihm war, mit meinem Handy telefonieren wollen und da war eben der dauerleere Akku. Ich also das Kabel aus der Tasche geholt und nach einer Steckdose gesucht und unter seinem Bett eine gefunden. Verlängerungskabel mit Steckdose. Ich zog den Stecker, der drin steckte, raus und es wurde dunkler im Zimmer. Ich sah hoch, aha, das war die Lichterkette, die da dran hing. Die mit den kleinen roten Lämpchen im Fischernetz, die eine so angenehme Atmosphäre zauberte.

Ich quatschte dann, auf dem Rücken liegend, mit Alia und sah dabei ins Netz mit seinen kleinen Accessoires, dem Seestern, dem Skelett eines Seeigels, den Muscheln und – dem einen roten Licht.

Ich bin ja nicht blöd. Langsam, okay. Aber definitiv nicht blöd!

Und deshalb, wegen diesem verdammten Stecker, lieber Mark, ging dann alles seinen Weg. Ich wäre die Letzte, die in der Lage ist, den Lauf des Schicksals aufzuhalten. Einmal gestartet, spurtet es los. Das Schicksal, meine ich.

Das nächste Mal schlich ich, mit meinem Handy bewaffnet, in sein Arbeitszimmer. Er ist so ordnungsliebend wie ich, und ich fand in der obersten Schreibtischschublade exakt das, was ich erwartete: eine Liste, fein säuberlich in Excel erstellt, in der er alle seine Passwörter verewigt hatte. Ein kleiner Klick mit dem Fotohandy. Mehr nicht.

Danach Spaghetti all'arrabbiata. Passte.

Natürlich wollte ich mit den Passwörtern nicht an sein Bankkonto. Und auch nicht in seinem Namen bei Amazon Bücher kaufen.

Ich musste nicht lange suchen. Er hatte diesen Ordner in seinem Mailaccount, den hatte er Karla genannt.

Alles war drin. Sauber geordnet. Das musste eine Art privates Netz sein, an die hundert Teilnehmer. Oder sollte man besser Mittäter sagen. Ich gebe zu, ich wirke ja oft ziemlich hartgesotten, aber ich habe beim ersten Mal einfach keine Luft mehr bekommen. Ich habe sonst nie Asthma oder solche Sachen. Aber egal, wie oft ich probiert habe, weiter in seinen Mails rumzustöbern, es kam immer wieder diese Enge in den Bronchien, eine Öffnung, vielleicht grade mal so dick wie eine Kugelschreibermine, durch die ich Luft holen musste.

Aber dann, über ein paar Tage verteilt, peu à peu, Mail für Mail, verschaffte ich mir das vollständige Bild. Ein paar von denen lieferten und die anderen zahlten. Erst wurde ein neues „Werk" kurz beschrieben, dann ging Geld aufs Konto ein, dann wurde geliefert. Es gab Spezialisten. Für alles Mögliche. Tiere. Kinder. Da war mein toller Mark noch richtig normal. Er war der Mann für die Normalo-Erotik. Harmlose Utensilien, Latex und Co, bisschen Fetisch hie und da. Einige der Videos waren Eigenkreationen und andere wurden von den Typen mit ganz bestimmten Wünschen in Auftrag gegeben. Sie konnten dann wählen, welche der Frauen und was sie dabei tun sollten.

In Marks Videos kamen außer mir noch vier Frauen vor. Eine davon, eine Rothaarige mit einer wilden, super aussehenden Mähne schien die Chefbumserin vom Dienst zu sein. Karla, sicherlich ein Codename, denn mich nannte er offensichtlich Lizzy. (Arschloch! Da ist ja Alia noch besser!)

Karla, die Lieblings-Haremsdame. In jeder Position gebumst, gevögelt und gepoppt. Und alles schön aufgezeichnet, teils im Auftrag, teils einfach so angeboten.

Ich will nicht beschreiben, wie ich mich fühlte. Die Sätze, die er mir ins Ohr geflüstert hatte, ich finde es toll, eine so kreative Liebhaberin zu haben, und so weiter. Ich würde wahrscheinlich durchdrehen, wenn ich die Scham und dieses wahnsinnige Verarschtsein-Gefühl genau beschreiben würde.

Aber ich habe irgendwann so eine Art Motto, so einen Lebens-Satz in mein Hirn eingemeißelt. Da steht er. Für immer. Dauerhafter als jedes Tattoo.

Und er lautet: Mich verarscht keiner!

So hat Mark also zwei Fehler begangen, er hat das mit dem roten Lämpchen an der Videokamera nicht bedacht und er hat die Kraft eines ins Hirn eingemeißelten Satzes unterschätzt.

Schöne Scheiße, lieber Mark. Schöne Scheiße!

Ich kaufte eine rote Perücke, eröffnete das Nummernkonto in der Schweiz und dann hieß es eben warten. Im Nachhinein würde ich sagen, das war das Schwierigste. Ich wusste, er ging manchmal auf solche Survival-Urlaube. Survival in the desert, wo der Mann wieder ganz Mann ist und so.

Und ich musste ganz schön warten, aber schließlich kam's: fünf Tage Survival im Schwarzwald. No E-Mail, no Handy, no garnix!

Ich hatte volle fünf Tage, um mein Spezialangebot, das Highlight des Jahres sozusagen, über seine Mailadresse zu lancieren – natürlich von 'nem Internetcafé aus, ich bin ja nicht bescheuert – und die Preise in die Höhe zu treiben. Ich hab dieses Spezialangebot übrigens nicht erfunden, da war immer mal wieder eine Anfrage von einem dieser Typen, er nannte sich Hasso und hatte es schon mehrmals vorgeschlagen, aber so weit hatte wohl bisher noch keiner gehen wollen.

Und sie bissen alle an.

Dann musste der Schotter nur noch eintreffen, was er auch tat. Denen lief der Geifer aus dem Mund, so gierig waren sie.

Wie schon gesagt, es gibt solche und solche Menschen. Manche werden verarscht und gehen dann einfach. Regen sich vielleicht auf, schreien sogar oder werfen mit Sachen, aber irgendwann gehen sie.

Ich bin nicht so. Sonst wäre das für Papi damals ja auch anders ausgegangen.

Jürgen Schenko, alias Hasso, blies die Backen auf.

Verdammt, verdammt, verdammt! Musste sie ausgerechnet jetzt reinkommen! Dies hier war sein Arbeitszimmer, mit Bedacht unterm Dach gewählt, weitab von der Familie, sein Refugium. Hier durfte ihn keiner stören und schon gar nicht ohne anzuklopfen.

Beim Wichsen vor dem Computer erwischt, auch nach 24 Ehejahren eine echte Peinlichkeit.

Er würde es heute Nacht wiedergutmachen müssen. Er wusste natürlich, wie: unendlich viel Zärtlichkeit, stundenlanges Vorspiel, danach braver Sex. Todlangweilig eben. Aber er würde sich dieses geilste aller geilen Videos in Gedanken dabei ansehen. Wieder und wieder. Das Geilste, das er je bekommen hatte.

Er hatte von so etwas schon lange geträumt, schon mehrfach probiert, einen von denen dazu zu bringen, aber keiner hatte bisher angebissen. Bis letzte Woche.

Jürgen Schenko war einiges gewöhnt, aber er war immer noch geschockt. Wegen der Sauerei? Wohl weniger. Eher wegen dieser Riesenüberraschung.

Der Typ mit Codename Berlin hatte ja schon ganze Massen an Videos geliefert. Und dabei verdammt gutes Geld verdient. Und jetzt dieser Riesenauftritt, das Sahnehäubchen aller Videos. Ausgerechnet von Berlin! Von ihm hätte er es als Letztes erwartet.

Jürgen hatte es in Auftrag gegeben und teuer bezahlt. Sauteuer übrigens. Ging alles ab vom Konto seiner Frau, die zum Glück keinen Überblick hatte über ihr ganzes Geld. Die auf der Dienststelle übernahmen diese Art Kosten ja leider nicht. Er grinste.

Freunde sagten oft, das ist ja furchtbar, so ein Job, und er nickte, ganz der verantwortungsbewusste, geplagte Kriminalbeamte, zuständig für Internetkriminalität, Porno. Ja, ja, sagte er dann, so viel kann man gar nicht essen, wie man da kotzen möchte.

Er hatte sich zwei Tage lang wie ein Kind gefreut auf das Video. Dann traf es ein von Berlin, dem Haremsbesitzer. Jürgen war sich sicher, dass die anderen es auch alle gekauft hatten. Es war der Hit des Jahres. Er nahm an, dass Berlin mit dem Video den ultimativen Deal machen und sich dann absetzen wollte. Haus auf den Malediven oder so.

Jürgen lud es runter und klickte es mit zitternden Händen an.

Es war von Anfang an nicht das, was er erwartet hatte.

Berlin lag auf dem Bett mit verbundenen Augen. Alleine. Dann erst kam die Rote, Karla dazu. Sie schien ein bisschen dünner als sonst. Gesicht verschleiert wie bei den orientalischen Nummern. Kurioserweise hatte sie dazu noch Gummihandschuhe an, die gelben aus der Hausfrauennummer. Sie setzte sich auf Berlin und rieb sich an ihm bis sein Schwanz erigiert war. Danach spielte sie mit ihm, ließ ihre Brüste drübergleiten, leckte ihn, stoppte aber immer rechtzeitig, bevor er kam. Schließlich fesselte sie ihn an Armen und Beinen mit

Handschellen am Bett. Danach reizte sie ihn immer weiter.

Jürgen starrte gebannt auf den Bildschirm. Sein Mund war trocken. Die Atmung ging flach und schnell. Wie würde Berlin es tun, gefesselt wie er war?

Die Rote zog das Spiel schier unendlich in die Länge. Dann fasste sie nach oben und holte von irgendwo außerhalb der Reichweite der Kamera etwas Kleines hervor, Jürgen konnte es nicht genau erkennen.

Sie nahm Berlin die Augenbinde ab, der sah sie an und wirkte überrascht. Seltsam. Er wollte wohl etwas fragen, aber sie legte ihren Zeigefinger beschwörend auf seine Lippen und machte Scht.

Jetzt ging alles ganz schnell. Sie zeigte ihm das kleine Ding in ihrer Hand. Spezialauftrag, sagte sie, und während Berlin voll in die Kamera sah wie immer, nur diesmal mit einem umwerfend vollauthentisch panischen Gesichtsausdruck, zog sie mit einer kleinen, schnellen Handbewegung die Rasierklinge über seine Halsschlagader.

Wirklich geil! Das geilste aller geilen Videos, das er je bekommen hatte! Perfekt inszeniert. So wie Jürgen Schenko, selbst Perfektionist, es liebte.

Es gab eigentlich nur einen einzigen Makel: Das war der zweite Stoß. Nicht der Stoß seines Schwanzes, der war voll okay. Armer Kerl. Nein, es war das Herausschießen. Des Blutes. Es kam stoßweise. Der erste Stoß war nur vielleicht einen halben Meter hoch. Aber der zweite schoss so hoch, dass er ausgerechnet die blöde Linse traf, und dann war es vorbei mit der Sicht.

Eigentlich ein Fehlschlag. Andererseits wäre es danach sicher nur noch ein unappetitliches Gegurgel geworden. Mit all dem Blut. So aber war es Kunst. Sauber und klar. Elegant.

Er würde ein bisschen Zeit vergehen lassen und es dann selbst anbieten. Er hatte die Märkte voll im Blick. War schließlich sein Job.

Nicht der schlechteste aller Jobs.

Er stand auf und machte sich die Hose vorne zu.

Die von der Abteilung würden ihm mal wieder zu seinen Erfolgen gratulieren. Und sich auf die Suche nach der Rothaarigen machen, den Computer ausfindig machen und so weiter. Routine.

Geiler Job, dachte er, so ist es, wenn man sein Hobby zum Beruf macht.

Der letzte Wolf

Es raschelte sich in seine Träume hinein. Zuerst war es Teil der anderen Welt, in die er nachts entglitt, dann trat diese Welt mehr und mehr zurück, das Rascheln wurde lauter und zack, landete er in der Realität.

Es war rechts von ihm.

Er roch den Moder des Waldbodens, die aromatischen Ausdünstungen der Nadelbäume, die Feuchtigkeit des Morgens.

Er schlug die Augen auf. Es war noch dunkel. Er fragte sich, wo er war, dann fiel es ihm wieder ein: Er schlief im Freien, neben der Feuerstelle. Weil er das Feuer bewachen wollte. Und die Kühlgrube. Da war es wieder, das Rascheln. Er hielt die Luft an, traute sich nicht, den Kopf zu wenden. Was konnte das sein? Ein Marder? Es war rechts oberhalb von ihm, bei der Kühlgrube mit den letzten Teilen seiner Beute. Was sollte er tun? Ihm wurde bewusst, dass er erbärmlich fror.

Dann wieder ein lautes Geräusch, Rascheln, Knacken. Er drehte langsam den Kopf und dann sah er ihn. Nur von der Seite und in der Dunkelheit nur schemenhaft, aber verdammt noch mal, wenn das kein Wolf war!

„Ha!“, schrie er, so laut er konnte, und setzte sich gleichzeitig auf. Das Tier zuckte zusammen, drehte sich um und rannte davon, tauchte wenige Meter oberhalb von ihm in die schwarze Wand des Waldes ein und war verschwunden. Es hatte etwas im Maul gehabt. Oh Gott!

Er kroch zu seiner Kühlgrube, die er eigentlich hatte bewachen wollen. Die Tannenzweige, die er schön säuberlich drübergelegt hatte, waren zur Seite geschoben. Er stand auf und ging zum Feuer, das nur noch als schwache Glut vor sich hin glomm. Hielt einen der Stöcke, die daneben lagen, hinein, blies ein bisschen, bis er Feuer fing, dann nahm er ihn, ging zur Grube, leuchtete hinein und besah sich den Schaden. Das Dumme war, er konnte nicht mehr mit Sicherheit sagen, wie viele Teile da noch drin gewesen waren. Er hatte gestern Abend noch mal ein Riesenmahl gehabt und sich den Bauch vollgeschlagen. War von dem vielen Essen wie besoffen gewesen und danach in einen tiefen Schlaf gefallen. So wusste er nicht genau, was noch alles in der Grube war, bevor dieses Tier darin herumgewühlt und offensichtlich etwas davongetragen hatte. Wenn etwas in seinem Plan nicht vorgekommen war, dann das. Er konnte nur hoffen, dass es wirklich ein Wolf war und nicht etwa der Hund vom Förster, der diesem jetzt gerade schwanzwedelnd seine Beute vor die Füße legte.

Frank fröstelte es bei dem Gedanken. Und falls es ein Wolf war, dieser berühmte letzte Wolf, von dem Daniel immer gesprochen hatte, was würde der tun? Alles auffressen und die Knochen liegen lassen? Oder die Knochen auch fressen? Fraßen Wölfe Knochen? Er überlegte, ob er sicherheitshalber im Wald nachsehen sollte.

Es war noch zu dunkel.

Er schürte das Feuer ein wenig, ein paar der Überreste vom gestrigen Mahl waren noch nicht vollständig verbrannt. Er legte neues Holz auf und wartete, bis das

Feuer laut prasselnd aufflammte. Wärmte sich daran und dachte nach.

Schließlich legte er sich wieder auf sein weiches Lager aus Laub und verdorrtem Gras. Es würde schon nichts passieren, das Glück war in letzter Zeit endlich wieder auf seiner Seite.

Er sah zum Himmel. Nachts sah man hier die Milchstraße, jetzt aber hatten die Sterne schon begonnen zu verblassen und dem Tag Platz zu machen.

„Der letzte Wolf." Er musste grinsen. Daniel hatte immer von ihm gesprochen, als gäbe es ihn tatsächlich. Frank mochte Daniel wirklich. Es war schon irre, da machte man im tiefsten Schwarzwald einen Survival-in-the-forest-Kurs, zu dem – so zumindest denkt man das vorher – sowieso nur Verrückte und Soziopathen gehen und der Leiter wahrscheinlich ein Wurzeldepp ist und siehe da: Alles ist komplett anders. Daniel stellte sich als ein Riesentalent heraus, in jeder Beziehung, war Hobby-Biologe, konnte jedem den Unterschied zwischen Tannen, Fichten und Kiefern bis ins letzte Detail erklären, kannte alle Pilze und Pflanzen, war außerdem hervorragender Psychologe, schaffte es, sieben egomane Männer zu einer harmonischen Gruppe zusammenzufügen, war Entertainer, erzählte gerne vom letzten Wolf, der hier im Schwarzwald immer mal wieder gesichtet wurde und Schafe riss, damit seine Kunden auch ein bisschen was zum Gruseln hatten (wenn es schon keine Bären, Schlangen oder Skorpione gab, womit man das Ganze etwas aufpeppen konnte). Und nicht zuletzt war er ein wirklich guter Survival-Experte.

Und auch die Teilnehmer waren nett. Hätte er nicht gedacht. Zwei Studenten Anfang 20, ruhig und wohlerzogen und beneidenswert kräftig, einer Mitte 30, und noch zwei, die in seinem Alter, in den Vierzigern waren.

Er konnte es selbst kaum glauben, aber er hatte ihre Gesellschaft richtig genossen. Treffpunkt war unten im Dorf am Bahnhof vor den Fahrradständern gewesen. Er selbst war mit seinem Auto da, hatte es ein Stück weiter, am Dorfrand, geparkt und war mit klammem Gefühl zum Bahnhof gegangen. Langsam. Wollte es hinauszögern. Hatte eigentlich keine Lust. Auf Survival schon, nicht aber auf fremde Menschen. Überhaupt Menschen, davon hatte er eine kräftige Überdosis erhalten in den letzten Jahren.

Dann am Bahnhof Daniel und diese witzige Entertainerart von ihm.

Jeder musste seine Taschen umdrehen und zeigen, dass er, wie verabredet, keines dieser Multi-Tools dabei hatte (beliebte Weihnachtsgeschenke von Ehefrauen), mit denen man „Dosen öffnen, Bäume fällen, Fische entgräten und bügeln" konnte. Dann zogen sie los. Wanderten vom Dorf aus nach oben, querfeldein, Wege wurden vermieden. „Das bringt euch gleich voll rein in das Gefühl", hatte Daniel gesagt, „dieses Waldmenschgefühl."

Oben angekommen, suchten sie sich eine Stelle aus mitten im Wald. „Da gibt's morgens nicht den Tau wie auf der Wiese." Lernten, wie man einen Unterstand aus Ästen baut, ein sogenanntes Waldläufer-Zelt, drinnen ein weiches Lager aus Moos und Laub, schlugen sich mit Steinen ein Steinmesser, brauchten drei Stunden, um ganz ohne Streichhölzer Feuer zu machen. Das mit dem Feuermachen war tatsächlich die schwierigste Übung von allen, drei Stunden, bis das erste Holzfäserchen glomm! Sie aßen sich die Tage durch die gesamte Pflanzenwelt hindurch, trockneten die Kiefern- und Tannenzapfen am Feuer, bis sie aufsprangen, und zogen die Samen an ihren Flügelchen heraus, froh über jeden einzelnen. Lernten, welche Wurzeln genießbar waren und die ungefährlichen Pilzsorten, Pfifferling, Hallimasch, Schopftintling. Und, und das war das Ekelhafteste, holten sich Proteine in Form von Maden, Schnecken und Würmern.

„Wir müssen uns hier auf das kleine Getier beschränken", sagte Daniel, „in deutschen Wäldern zu jagen ist verboten, gilt als Wilderei und wird bestraft! Aber für den Fall, dass ihr mal ein paar Survival-Wochen in den Wäldern Kanadas verbringen wollt, zeige ich euch hier die wichtigsten Techniken für eine größere Beute."

Es war wohl dieser Moment, als die Idee in Franks Kopf erschien. Zuerst nur wie eine lästige Fliege, die man entnervt wegscheuchte. Dass sie überhaupt auftauchte, zeigte ihm, wie viel besser es ihm ging, dass er wieder stärker wurde, welche Wunder der Kurs bereits in ihm bewirkt hatte. Tatsache war, dass diese Survival-Woche eine Art letzte Chance war, die er sich gab.

„Was Sie da haben, ist ein ausgewachsener Burnout", hatte die Neurologin gesagt, „damit ist nicht zu spaßen. Ich schreibe Sie zwei Monate krank. Sie können eine Kur in einer Klinik machen oder aber Sie bleiben zu Hause."

„Und was soll ich da tun?", hatte er entgeistert gefragt.

„Nichts. Sie lesen ein paar nette Bücher, gehen ein bisschen spazieren und erholen sich. Am besten ganz ohne Handy, Blackberry oder Internet."

Fakt war, dass er, wenn er der Firma zwei Monate den Rücken kehrte, genauso gut gleich kündigen konnte. Und dann? Ein Jahr Arbeitslosengeld und dann: Laub fegen im Stadtgarten, wo alle ihn sehen konnten. Er könnte dann auch gleich mit einem großen Schild rumlaufen: „Seht her, ich bin ein Loser, ein unfähiger Depp, der der Gesellschaft auf der Tasche liegt!"

Hinter ihm raschelte wieder etwas. Er fuhr auf und sah zum Waldrand hin. Er konnte nichts erkennen. Vielleicht die Krähe. Hier gab es eine Krähe, die zu allen möglichen Tageszeiten bei ihm vorbeischaute. Legte den Kopf schief, sah ihm fest in die Augen und hüpfte elastisch wie ein Boxer vor und zurück, wobei sie ihm immer näher kam. Er hatte ihr kleine Stückchen seiner Beute zugeworfen, seither hüpfte sie gerne um ihn herum. Sogar nach Einbruch der Dunkelheit war sie schon gekommen, wirkte unheimlich mit dem Widerschein des Feuers in ihren Augen. Holte sich ihren Anteil ab. Schliefen Krähen nicht?

Er stand auf und legte noch mal nach. Der Wolf ging ihm nicht aus dem Kopf. Was, wenn es der Försterhund war und hier gleich der Förster mit dem Teil in der Hand auftauchte, strenger Blick: „Ist das Ihres?"

Ein Lachen packte ihn und wurde immer stärker, er ließ sich auf den Rücken fallen, lachte lauthals, frei.

Wann war ihm das letzte Mal zum Lachen gewesen? Wahrscheinlich bevor sie seine Firma zur Aktiengesellschaft gemacht hatten. Da war alles losgegangen. Nicht dass davor alles nur rosig gewesen wäre, aber die Arbeit, die Firma, waren etwas, womit man rechnen konnte. Danach begann der ganze Irrsinn.

Erst kauften sie die Mainzer Firma dazu, lösten den Standort dort auf, entließen einen Großteil der Leute und holten einige her, danach wurde umstrukturiert und wieder entlassen, im nächsten Jahr wurden mehrere Bereiche outgesourct, dann das Ganze in zwei Aktiengesellschafen aufgeteilt, eine Trennung, die quer durch alle Abteilungen ging, und dann wurde schließlich ein Teil abgestoßen. Das alles nur für die Scheiß Aktionäre. Es verging kein Jahr ohne weitreichende Änderungen und ein Großteil der Mitarbeiter befasste sich nur noch damit, die ständigen Veränderungen irgendwie zu verwalten und Politik zu machen, den eigenen Stand in der Firma zu festigen, egal auf welche Weise.

In diesen Dauerfrust hinein stellten sie Hendrik an seine Seite. Er hatte in der Mainzer Firma gearbeitet, die sie aufgekauft hatten.

„Ich bin aufgefressen worden", sagte er jedem, ob er's hören wollte oder nicht. „Gleich zwei Mal: erst vom Westen (er war angeblich Ossi) und dann schon wieder von euch", er produzierte gekonnt diesen Opferausdruck auf seinem Gesicht und ehrlich gesagt war Frank am Anfang selbst auch auf ihn reingefallen. Armer Kerl, hatte er gedacht. Angeblich war seine Ehe durch den Umzug nach Freiburg kaputt gegangen. Er tat ihm leid.

„Wir müssen zusammenhalten“, sagte Hendrik gerne und puffte Frank auf diese nervige Art in die Seite. „Wir sind beide von unseren Frauen verlassen worden!“

Franks Frau war vor einigen Jahren gestorben und er fand nicht, dass das das Gleiche war wie verlassen zu werden, aber er sagte nichts. Lud ihn sogar ein zu sich nach Hause. Zeigte ihm die Stadt. Fuhr mit ihm an den Kaiserstuhl zur Weinprobe.

„Was war ich für ein Arschloch!“, sagt er laut in die beginnende Morgendämmerung hinein. Ein paar Vögel um ihn herum begannen zu zwitschern. Er hatte nicht mehr gewusst, wie es war, im Freien die Morgendämmerung zu erleben. Das grünliche Licht, der Gesang der Vögel, das langsame Erwachen.

„Die Natur“, hatte Daniel gesagt, „ist pure Religion. Du wirst andächtig.“

Ich habe allen Grund, andächtig zu sein, dachte er, denn ich bin zurück im Leben.

Aus irgendeinem Grund hatte bei ihm plötzlich der Abstieg begonnen. Er nahm wichtige Termine nicht wahr, weil sie nicht in seiner Mailbox gelandet waren, was bei der Geschäftsführung alles andere als gut ankam, Projektunterlagen fehlten im entscheidenden Moment, Informationen trafen nicht bei ihm ein. Schließlich wurde er von seinem Chef beiseite genommen, also wenn er in persönlichen Schwierigkeiten steckte, vielleicht mal eine Woche Urlaub?

Er begann schon selbst an den Funktionen seines Hirns zu zweifeln, als in seinem Namen und von seiner Mailadresse aus diese unglaubliche Mail an alle verschickt wurde. Da wurde ihm klar, dass etwas nicht stimmte, dass irgendwer ihm übel wollte. Sehr übel. Sehr, sehr übel.

Die Chefetage ging nach der Mail von einem Alkoholproblem aus, auf dem Flur sahen ihn die Mitarbeiter, die jahrelang Freunde gewesen waren, nicht mehr in die Augen, mussten schnell weiter, waren immer unter Termindruck.

Er fing an, sich auch wirklich bescheuert zu benehmen, war komplett aus dem Tritt. Bis irgendwann Sandra ihn in der Cafeteria beiseitenahm. Sie war zwei Jahre zuvor outgesourct worden, machte immer noch die gleiche Arbeit, immer noch im Nebengebäude, aber eben ohne soziale Absicherungen.

„Dieses Gespräch hat nie stattgefunden", sagte sie und er erwiderte: „Du hast zu viele schlechte Krimis gesehen."

„Versprochen?", sagte sie. Als er zögerte, klopfte sie ihm wütend auf die Hand. „Wie dir Holzkopf vielleicht nicht bewusst ist: Ich bin freie Mitarbeiterin, die brauchen mir noch nicht mal zu kündigen, ein Satz reicht." Sie sah ihn mit ihren kleinen dunklen Augen wütend an.

„Versprochen", sagte er und tätschelte ihre Hand.

„Also, an dem Tag, als du uns mit deiner tollen Mail überrascht hast" – er verzog schmerzhaft das Gesicht –, „da war ich noch drüben bei der Semmer, weil die ein Problem mit ihrer Docking Station hatte. Sie hatte schon mehrmals entnervt angerufen, weshalb ich abends, als alle schon weg waren, noch rüber bin, um mir die Sache mal anzusehen. An dem Tag war es superheiß und meine blöden Schuhe taten mir weh. Drüben war keiner mehr, also hab ich die Schuhe ausgezogen und bin barfuß durch den Flur. Deshalb hat er mich nicht gehört."

Frank hob fragend eine Augenbraue.

„Er stand in deinem Zimmer. Vor deinem Computer. Das kam mir sehr seltsam vor, daher schlich ich vorbei und später, als wir alle diese Mail von dir bekommen hatten, habe ich dann eins und eins zusammengezählt."

Er zog die Augenbraue noch höher.

„Hendrik!", sagte sie.

Er starrte sie an, unbeweglich, sein Unterkiefer bewegte sich im Zeitlupentempo nach unten. Dann kam er zu sich und sprang auf.

Sie zog ihn an seinem Arm wieder herunter.

„Nein, du sagst gar nix! Ich sitze hier auf dem Schleudersitz, ich kann mich unmöglich mit einem aus eurer Etage anlegen!"

Er wusste, sie hatte recht. Aber er stritt trotzdem eine Weile mit ihr, bevor er klein beigab.

In den darauffolgenden Monaten beobachtete er Hendrik genauer und ihm fiel auf, welch unglaubliches Schauspieltalent er war. Bei den weiblichen Mitarbeitern kam er nach wie vor mit seinem mitleiderregenden „Ich wurde aufgefressen" hervorragend an und während Franks Stand in der Firma immer schlechter wurde, strahlte Hendriks Stern immer heller.

Frank hatte über die Jahre so manchen Konkurrenten, der ihm ans Bein pinkeln wollte, aus dem Feld geschlagen, aber nie hatte er es mit einem derart hinterhältigen zu tun gehabt, der so unverfroren mit allen noch so primitiven Tricks arbeitete.

Und es hörte nicht auf. Hatte er einen wichtigen Termin, hatte das Auto ein Loch im Reifen, bei einem Meeting war plötzlich sein Laptop verschwunden und so weiter.

Sein Chef: „Frank, du bist schon lange dabei und deshalb hab ich dir auch viel nachgesehen, aber dein ganzes Problem jetzt auf andere abschieben, das ist zu platt! Mach Urlaub oder eine Kur oder was auch immer, aber krieg verdammt noch mal dein Problem endlich in den Griff!" Und fügte unnötigerweise noch hinzu: „Bevor es zu spät ist!"

So saß er kurz darauf bei der Ärztin, denn er konnte nicht mehr schlafen und morgens zitterte er von dem Schlafmangel und außerdem hatte er keine Lust mehr auf gar nichts.

Eine Kur! Zwei Monate Burnout! Ha! Zwei Monate, das bedeutete, er war nicht mehr verlässlich, man konnte nicht mit ihm rechnen, das hieß Schwäche zugeben, zwei Monate, das wäre der Freibrief für Hendrik, ihm endlich alles, was übrig geblieben war, auch noch zu stehlen.

Deshalb hatte er sich für den Urlaub entschieden. Zwei Wochen. Der Kurs „Survival in the forest" ging fünf Tage lang. (Er fand, es müsse auch einen Kurs „Survival in the Aktiengesellschaft" geben.) Und wenn es ihm dort oben im Schwarzwald gefiel, würde er länger bleiben. Noch ein paar Tage alleine weiter surviven.

Hendrik, aufdringlich und schleimig wie immer, hatte sich ihm gleich aufgedrängt: „Voll in die Natur! Da oben im Schwarzwald! Wo ist das? Ich komme euch am Wochenende besuchen“ und er hatte ihn kaum abwimmeln können.

Er hatte gewusst, es würde ihm guttun. Als Kind hatte er alle Karl-May-Bücher gelesen, war im Herzen Indianer und Trapper zugleich, hatte später jede Menge Survival-Bücher verschlungen. Irgendwie war ihm über die Jahre all das abhanden gekommen.

Dass sich der Kurs aber so positiv auswirken würde, hatte er nicht zu hoffen gewagt. Es begann gleich am ersten Tag. Vielleicht war es die Natur. Vielleicht, dass sie von morgens bis abends ununterbrochen beschäftigt waren mit ganz elementaren und nützlichen Dingen. Immer mit dem Nächstliegenden: Unterkunft bauen, Nahrung suchen, Feuer machen, essen, schlafen.

Kein Grübeln. Kein Überlegen, wie man sich entscheiden, welche von mehreren beschissenen Alternativen man wählen sollte.

„In der Natur“, sagte Daniel, „gibt es genau zwei Möglichkeiten, nicht fünf oder zehn oder hundert. Nur leben oder sterben. Essen oder hungern. Töten oder selber sterben. Immer nur zwei und die Entscheidung fällt immer leicht.“

Ab dem ersten Tag fühlte Frank, wie seine Stärke wieder zurückkam. Und als Daniel am dritten Tag von den Fallen erzählte, dachte er: genau. Nur zwei Möglichkeiten, leben oder sterben.

Daniel zeigte ihnen die Stellen, an denen saftige Maden zu finden waren, und grinste, wenn sie den Mund angeekelt verzogen.

„Denkt dran, entweder die sterben oder du stirbst", und steckte sich mit einem übertrieben genießerischen Gesichtsausdruck eine Made in den Mund und machte „Mh". Er zeigte ihnen auch Fallen für größere Tiere. „Für Kanada!", sagte er. Die Schlingenfalle mit einem Schnürsenkel für Eichhörnchen oder Marder oder Hasen. Und Rehe? Die konnte man eigentlich nur mittels einer Fallgrube erwischen. Und erklärte die Falle, aber sie probierten sie nicht aus. (Zu viel Arbeit, so ohne Spaten, und außerdem sowieso verboten.) Ein großes Loch mit einem scharfen Stein geschürft und mit den Händen gegraben. Unten rein die angespitzten Stöcke, wie Speere senkrecht in den Boden gerammt, oben drauf dünnste Zweige und darauf Laub.

„Und dann wartet ihr bis an euer Lebensende, wenn ihr die Falle nicht an einer Stelle gebaut habt, wo üblicherweise der Wildwechsel stattfindet. Wenn das Tier da reingefallen ist, müsste es tot sein. Testet es aber sicherheitshalber, bevor ihr es anfasst, damit ihr nicht gebissen werdet. Dann nehmt ihr euer Steinmesser, häutet es, Eingeweide raus und die essbaren Teile davon als Erstes essen, das ganze Viech dann zerteilen und was ihr nicht sofort essen könnt, in eine kleine Kühlkammer legen, ein Erdloch an einer schattigen Stelle. Die Teile solltet ihr über dem Feuer gut durchbraten von wegen Parasiten und so. Lasst es euch schmecken. Esst so viel wie möglich, kann sein, ihr müsst eine Woche oder zwei warten, bis euch wieder was in die

Falle geht. Und wenn ihr in einem Land seid, in dem ihr nicht sicher wisst, ob das jetzt Wilderei ist: Verbrennt die Knochen, das dauert zwar einige Zeit, aber besser, man findet keine Überreste. Wenn die Zeit nicht reicht, könnt ihr die restlichen Knochen auch mit einem großen Stein zu kleinen Splittern zerschlagen und dann eingraben." Er grinste verschmitzt und zwinkerte Frank zu, der daraufhin fast errötete, weil er sich ertappt fühlte.

Das Ende des Kurses kam viel zu schnell.

Er hatte das Gefühl, dass die Tage auch die anderen beeinflusst hatten. Mark, zum Beispiel, der Typ in den Dreißigern. Hatte ihm mal abends am Lagerfeuer gestanden, dass er heimlich Pornovideos im Internet verkaufte. In der Endrunde, die sie auf einer Wiese kurz vor dem Dorf gemacht hatten, wo jeder so sagte, wie ers fand, sagte er, der Kurs habe viel bewirkt bei ihm, so viel, dass er beschlossen habe, sein gesamtes Leben zu ändern. Sie lachten alle laut, wie man das unter Männern macht, wenn die Gefahr der Gefühligkeit besteht, aber Frank konnte genau sehen, dass Mark es ernst meinte.

Als sie alle weg waren, ging er zu seinem Auto, das er am Dorfrand geparkt hatte. Holte sich ein Messer und ein Feuerzeug – eine Art Soft Survival würde das werden – und das Handy.

Dann stieg er wieder hinauf. Seine Schritte waren federnd, kräftig. Er war sicher ein oder zwei Kilo leichter geworden, denn die Pilze, Wurzeln, Kräuter und Maden hatten zwar einigermaßen satt gemacht, aber sehr ergiebig waren sie nicht. Er war stolz auf sich, weil er im Dorf widerstanden hatte, ins Restaurant zu gehen.

„Ich bringe das hier zu Ende!", sagte er laut.

Oben angekommen, ging er zum Mathisleweiher, einem kleinen See mitten im Wald, dessen Wasser aufgrund eines hohen Gehalts von irgendwas braun war. Er zog sich aus und ging vorsichtig hinein. Schwamm nur wenige Meter. Das Wasser war eiskalt und er wollte keinen Herzstillstand riskieren, nicht jetzt. Noch vor Kurzem wäre es ihm grade egal gewesen, jetzt nicht mehr.

Am Ufer legte er sich nackt ins Gras und machte Pläne. Er war immer gut gewesen im Planen, immer exakt, und erfolgreich im Durchführen. Daran erinnerte er sich jetzt wieder. Dann zog er sich an und machte sich auf den Weg. Suchte eine geeignete Stelle. Nicht weit entfernt fand er sie: eine schöne Wiese, abfallend, am Waldrand. Er fand, er brauchte keinen Unterstand. Die Spätsommertage waren klar und warm. Kein Regen.

Nachdem er sich eine Feuerstelle und ein weiches Lager auf der Wiese gerichtet hatte, machte er sich an die Falle. Er brauchte drei Tage. Es war eine Wahnsinnsarbeit. Die Grube graben ohne Hacke oder Spaten, die Stöcke anspitzen und in den Boden der Grube rammen und dann das Tarnen. Aber schließlich war es so weit.

Und am Freitagvormittag rief er Hendrik mit dem Handy an. Eine Art Friedensangebot. Der war ja so scharf drauf gewesen, ihn da oben zu besuchen.

„Ja, ich bin noch hier und hab tolles Zeug gelernt in dem Kurs, da habe ich mir gedacht, komm doch hoch, wir treffen uns am See", achtete auf einen kumpeligen Tonfall und erwartete mit Spannung die Antwort.

„Macht doch nichts, ohne Auto ist es noch besser, du fährst mit dem Zug und wanderst gleich ab Bahnhof los. Der Mathisleweiher ist ausgeschildert, etwa eine Stunde entfernt."

Manchmal hat man auch Glück, dachte er. Dass Hendriks Auto grade in der Werkstatt war. Er hatte zwar schon einen Plan entwickelt, wie er das mit dem Auto machen konnte, aber so war es besser.

Die ersten Sonnenstrahlen trafen ihn. Es war heute Sonntag. Plötzlich hatte er Lust, nach Hause zu gehen. Seinem neuen Leben entgegen. Eigentlich hatte er am Montag noch frei, er könnte noch einen Tag hier oben bleiben, die Reste aufessen.

Nein. Er war ungeduldig. Stand auf und ging zu seiner Kühlgrube. Nur noch zwei Stücke. Er war nicht hungrig, hatte sich die letzten drei Tage den Bauch vollgeschlagen, hatte immer noch den leicht süßlichen Geschmack des Fleisches auf der Zunge. Er nahm die restlichen Teile und warf sie ins Feuer. Legte das gesamte Holz drauf und sah den Flammen beim Lodern und Züngeln zu.

Drei Stunden später schlug er mit einem Stein die noch nicht verbrannten Knochen zu kleinen Splittern und vergrub alles in der ehemaligen Kühlgrube. Erde drüber und Gras. Er besah sich die Umgebung ganz genau. Ging Meter um Meter ab mit aufmerksamem Blick. „Ein Waldmensch hinterlässt keine Spuren", hatte Daniel gesagt. „Touristen versauen die Natur, Waldmenschen verschmelzen mit ihr." Die Fallgrube hatte er schon drei Tage zuvor wieder zugeschüttet und Laub und Äste drauf geworfen, man sah kaum noch, wo sie gewesen war. Die Spieße hatte er verbrannt.

Schließlich war er fertig. „Die Natur macht andächtig!" Daniels Spruch fiel ihm ein und deshalb sah er lange zum Himmel. Dann stieg er hinab ins Dorf.

Unten ging er die Straße entlang, kam sich ein bisschen komisch vor in seinem dreckigen Waldmenschen-Outfit. Am Straßenrand, bei der Buchhandlung, stand ein Kleinlaster mit Freiburger Kennzeichen, auf dessen Ladefläche ein Hund lag. Als er vorbeiging, hob der Hund den Kopf und sah ihn an. Er hatte ein blaues und ein braunes Auge und war hässlich. Knurrte ihn leise an.

Frank dachte kurz an den Wolf dort oben. Nein. Er wollte sich jetzt nichts ausmalen. Er glaubte wieder, dass das Glück auf seiner Seite war. Am Auto angekommen, sah er sich noch einmal um, atmete die frische Luft tief ein. Es war so schön hier oben!

Er würde wiederkommen. Wenn nötig, jedes Jahr.

Er fühlt sich nicht so

Sie war überrascht, als er anrief und um ein Treffen bat. Vor sieben Monaten hatte er sie verlassen und jetzt wollte er anscheinend zu ihr zurück. Sie freute sich. Auf ihr gemeinsames Altwerden. Er war einundsiebzig und hielt sich manchmal schon etwas gebeugt, sie, mit knapp sechzig, war topfit.

Dann der Abend bei ihr draußen in Stegen.

Er: „Ich weiß nicht, wie ich anfangen soll, also, meine Freundin, ja, ich weiß, ich bin 35 Jahre älter, aber ehrlich, ich fühl mich nicht so! Und was ich sagen wollte: Sie ist schwanger.“ Räuspert sich, verlegen, schuldig, und lächelt jung.

Sie: erstarrt.

Dann taut sie wieder auf, prostet ihm zu, feiert mit ihm das heranwachsende Leben, schwelgt mit ihm in Erinnerungen, ihr erstes Treffen, romantisch, am Ufer der Dreisam, als sie Steintürme bauten, oh ja, die Dreisam, und dann die Kinder, als sie noch klein waren und sie schenkt nach.

Später dann, als sie ihn heimfahren muss, weil er zu viel getrunken hat, ist es ungünstig, dass da in der Linkskurve der Schwarzwaldstraße plötzlich das Geländer der Brücke auftaucht, direkt vor ihnen, und dass er schon zu alt ist, um sich mit einem Sprung aus dem Auto zu retten, bevor es das Brückengeländer mit einem bösen Krachen durchbricht und unten, am idyllischen Ufer der Dreisam, hart aufschlägt.

Kay und Alex

Falls Sie sich im Laufe der Geschichte fragen sollten, wozu ich sie Ihnen erzähle, möchte ich vorwegnehmen, was eigentlich ans Ende gehört: Ich will Ihnen etwas beweisen. Dass es in allen drinsteckt. Das Verbrechen. Man muss es nur herauszukitzeln wissen.

Aber urteilen Sie selbst.

Das Setting: in Südbaden, etwas östlich von Freiburg, an einer Stelle, an der das Dreisamtal sich weitet und einen herrlichen Blick auf den Schwarzwald frei gibt. Hier sind die Wiesen saftig und die Felder fruchtbar und man könnte es sich eigentlich gut gehen lassen.

Das Projekt: ein Bauernhof außerhalb der Stadt, auf halbem Weg zwischen Freiburg und Kirchzarten, schwierige Jugendliche, die resozialisiert werden sollen.

Die Hauptakteure: Kay und Alex. Brüder, gemeinsam hierhergekommen (man sagt ja nicht eingeliefert, nein), Eltern wohl straffällig geworden, Migrationshintergrund. Die Eltern kommen aus, tja, das habe ich vergessen, es ist eines dieser Länder, das, solange die Leute noch dort wohnen, ihnen keine Zukunft bietet, aber sobald sie weg sind, wird es, vor allem im Gespräch mit den Kindern, zum Paradies schlechthin.

Die Namen haben sie sich übrigens neu zugelegt. Die ursprünglichen passen nicht hierher. Kay, der ältere der beiden, hat etwas Düsteres, Abweisendes, ist aber ein gut aussehender junger Mann, dunkler Bartwuchs, Glutaugen. Wann immer die Chefin von ihm spricht, privat, versteht sich, kommt sie ins Schwärmen, aber das geht natürlich nicht, Schutzbefohlener und Sex, also nein!

Alex, der jüngere der Brüder, ist das glatte Gegenteil: Everybody's Darling, helle, aufmerksame Augen, ein fröhliches Wesen, blondes Haar. So wie es aussieht, verstehen sie sich gut, die beiden. Halten zusammen. Noch.

Jetzt die Chefin: Frau Lauter. „Die pure Lauterkeit", sagt sie, wenn sie sich jemandem vorstellt, und lacht sympathisch dabei. Sie ist Sozialarbeiterin und sagt gerne solche Sachen wie: „Manchmal habe ich von meinem Altruismus die Nase ein wenig voll!" Daher ist sie empathisch, aber nicht zu sehr, engagiert, aber nicht zu sehr. Man will schließlich keiner von diesen hilflosen Helfern werden. Mitunter, und darum soll es in dieser Geschichte gehen, ist sie auch fies. Sie steht dazu. Ein menschlicher Zug, findet sie. Ihr ist halt oft langweilig und sie probiert gerne was Neues aus, zum Beispiel, ob die Harmonie im Camp auch störbar ist (sie nennen den idyllischen Bauernhof Camp, man geht mit der Zeit).

Sie veranstaltet deshalb jedes Jahr einen Contest.

Er hat ein offizielles und ein inoffizielles Thema und dieses Jahr lautet das inoffizielle, das, an dem nur die Chefin sich ganz im Geheimen erfreut: Kann man zwei Brüder auseinanderbringen? Oder gar aufeinanderhetzen?

Während sich die Chefin das Thema auf der Zunge zergehen lässt, verlassen wir sie, gehen etwas auf Abstand und besehen uns gemeinsam den kuriosen

Verlauf des Unglückstages, an dem dieser Wettbewerb ausgetragen wird.

Das offizielle Thema: Jeder soll ein Produkt, das er von Anfang bis Ende betreut hat, vorstellen. Zum Beispiel können die Jugendlichen, die in der Schreinerei arbeiten, ein Speckbrett vorlegen, dessen Holz sie im Wald selber geschlagen, hergebracht, zurechtgesägt und dann bearbeitet haben. Oder die Feldarbeiter sollten etwas, vom Samen ausgehend, aufgezogen haben und nun die reifen Früchte präsentieren, Tomaten, Zucchini und so. Wichtig ist, das hat die Chefin klar gemacht, ein sauberes Produkt, von Anfang bis Ende selbst betreut und attraktiv präsentiert.

Sehen wir uns Kay an, den dunkleren der beiden Brüder, den kräftigeren, der schon sehr viel von einem Mann hat und dem die Frauen schon nachschauen. Er steht da mit seinem dollen Topinambur-Projekt und schaut vergrätzt nach links zu seinem Bruder. Der hat eine Lammkeule auf einer bunten Wachstuchdecke hübsch geschmückt mit Thymianzweigen und ein paar Blümchen, daneben steht – und eben deshalb schaut der große Bruder so vergrätzt – ein Poster, auf dem er das Werden eines Lammes bis hin zur Schlachtung genau beschreibt. Das Poster ist der Knaller, im Computer erstellt, Fotos aus'm Internet, mit Photoshop bearbeitet, tolle Schrift mit Effekten. Ein Traum von einem Poster! Und der Bruder, Kay, hat auch ein solches Poster, über seine Topinambur-Knollen, wie sie vom Samen zu einer imposanten Pflanze (bis zu drei Meter hoch) heranwachsen, herrlich gelb blühen, und dann die Knollen, voll mit Vitamin C und Eiweiß und sogar

Inulin! Aber das hilft ihm nichts gegen das süße wollige Lamm auf dem Poster des Bruders – eine Knolle gegen ein Lamm! Wenn er als Einziger ein Poster gehabt hätte, ja dann, aber der kleine Bruder hat ihm offensichtlich die Idee geklaut, wie er ihm schon immer alles geklaut hat, inklusive der Aufmerksamkeit und Liebe der Mutter. Arschloch!

Die Chefin geht relaxed von Stand zu Stand. Insgesamt 17 Produkte, fantasievoll dekoriert, werden auf den aneinandergereihten Tapeziertischen, die mit langen Stoffbahnen bedeckt sind und draußen im Hof stehen, von den rotwangig-aufgeregten Jugendlichen präsentiert. Eines der Poster, das ist ganz klar, wird den Preis bekommen, denn auf die Idee ist sonst keiner gekommen, die sind der Bringer, aber wer von beiden wird das Rennen machen?

Die Chefin zögert die Spannung hinaus, indem sie superlangsam die Reihen entlanggeht und sich die Zeit nimmt, mit jedem der Jugendlichen ein paar Wörtchen zu reden, ein paar Späßchen zu machen, innerlich grinsend, denn sie war es, die den süßen blonden Alex auf die Idee mit dem Poster brachte, der sie arglos aufnahm, nicht wissend, dass der große Bruder der eigentliche Urheber der Idee war und er ihm damit Konkurrenz machen würde.

Woher aber, mögen Sie, lieber Leser, sich fragen, kannte die Chefin Kays Idee mit dem Poster?

(Erzähler gelten heutzutage als old fashioned, haben deshalb im Hintergrund zu bleiben, sich nicht einzumischen und keinesfalls zu prahlen. Deshalb will ich nur ganz leise erwähnen, dass ich mir ein kleines freches

Lüftchen ausdachte, eines, das die Skizze für ein geplantes Poster mit Knollen, hui, vom Schreibtisch hinaus auf den Hof wehte. So trat der Zufall gegen die Wahrscheinlichkeitsrechnung an und gewann auf der ganzen Linie. Die Chefin draußen bückte sich, nahm das Blatt, das ihr vor die Füße geflattert war, besah es sich und es dauerte ein wenig, aber schließlich huschte ein perfides kleines Wetterleuchten über ihr lauteres Gesicht.)

Nun stehen die Brüder nebeneinander und sind einigermaßen sauer. Der Chefin reicht sauer nicht. Sie will mehr. Und sie weiß, sie kriegt mehr. Hat schon das eine oder andere Mal etwas gespürt zwischen den beiden, etwas Scharfkantiges. Sie kommt zuerst zu Kay und seinen Topinambur-Knollen, die so ungeheuer nützlich sind, und sie ist wieder einmal fasziniert von seinen Glutaugen und seinem Körper, sie ist ganz nah an ihm, berührt ihn fast, seine goldfarbene Haut am Arm, die Muskeln, riecht seinen Hang zur Leidenschaft, stellt sich vor, wie es wäre, wenn … und weiß schon, dass sie ihm den Preis geben wird, als sie aus dem Augenwinkel einen Blick auffängt, der die Temperatur um sie herum schlagartig um 20 Grad sinken lässt. Sie dreht ihr von Fantasien erhitztes Gesicht nach rechts und knallt voll in den giftigen Hass, der aus hellen Augen geschossen wird.

Da ist sie plötzlich nicht mehr so sicher. Sie wollte ein bisschen spielen, Harmonie zerstören, aber will sie wirklich so weit gehen? Diesem Hass noch mehr Zunder geben? Ein bisschen verwirrt wendet sie sich nun zu dem Tisch von Alex, dem so offensichtlich Hasserfüllten, liest aufmerksam das Poster mit dem Lamm, sagt „Sehr schön!" dazu und dann verkündet sie mit lauter Stimme, dass sie sich zurückziehen muss, um zu einem Urteil zu kommen.

Drinnen, in ihrem Büro, einem kleinen Raum im hinteren Teil des Gebäudes, setzt sie sich vor den Computer und spielt ein bisschen Solitär. Was soll sie tun? Sie ist irritiert von dem, was sie in Alex' Augen gesehen hat, dabei ist er doch der Angenehmere der beiden, der Beliebtere, also dass der so hassen kann, damit hat sie nicht gerechnet.

Will sie es wirklich so weit treiben?

Sie steht auf und geht unschlüssig im Zimmer herum. Sie wollte Kay den Preis geben, er ist so attraktiv und außerdem dachte sie, dass ihm sein Sonnenbrüderchen bestimmt immer vorgezogen wurde. Sie geht zum Bücherregal, stupst gedankenverloren das eine oder andere Buch an und kann sich nicht entscheiden. Plötzlich fällt von oben etwas herunter und rollt den Boden entlang unters Regal. Ein Würfel. Wo kam der denn her? Muss im Regal gelegen haben. Sie nimmt es als Zeichen und sagt laut: „Eins bis drei: Alex. Vier bis sechs: Kay." Geht auf die Knie und tastet unter dem Regal nach ihrem Entscheidungshelfer, kriegt ihn zu fassen, holt ihn, vorsichtig, ohne ihn zu drehen, hervor. Hält gespannt den Atem an: Zwei. Alex also!

Ein bisschen tut es ihr leid wegen Kay, aber: Der Würfel hat entschieden und die Chefin ist fein raus. Falls etwas passiert: Es war der Würfel, nicht sie.

Nach der feierlichen Preisverleihung mit einem verhalten strahlenden Preisträger und den Dankesreden der Chefin und des Geschäftsführers, geht der warme Nachmittag in einen lauen, spätsommerlichen Abend über, an dem die Grillen zirpen, während die Musik der hauseigenen Band gehörig Krach macht. Die Jugendlichen tanzen, rauchen, saufen und ficken hinter den Büschen.

Aber sehen wir uns doch einmal an, was die zwei Brüder mit Migrationshintergrund so machen: Alex hat ein bisschen, aber nicht allzu viel getrunken. Er weiß, dass der große Bruder sauer ist, der ist ihm in die Küche gefolgt, wo Alex die Lammkeule ordentlich in eine Folie gewickelt und in die riesige Tiefkühltruhe gelegt hat, und hat ihn angeschrieen, er habe das mit dem Poster von ihm geklaut und dass er immer schon, seit jeher, sich eingeschlichen, eingeschleimt, eingelogen hat, vor allem bei der Mutter, deren Liebling er immer schon war. Immer!!!

Jetzt, es ist Neumond und stockdunkel, geht Alex bedrückt den Weg entlang zur Weide. Wenn Kay wüsste! Ein paar Tränen laufen über seine glatten Wangen. Er hat es ihm nie erzählt. Sich dermaßen geschämt. In Grund und Boden geschämt. Mamakind. „Komm, lass uns kuscheln“, hat sie immer gesagt und ihn ins Schlafzimmer gezogen, die Tür vor den eifersüchtigen Blicken des älteren Bruders zugemacht, verschlossen, immer verschlossen, damit keiner sie sehen konnte. Und heute, als die Chefin vor ihnen stand und Kay mit diesen Gier-Blicken abtastete, wie damals seine Mutter ihn – wenn sie alleine gewesen wären, er weiß nicht, was er getan hätte. Das nächste Messer genommen und auf sie eingestochen. *Das* hätte er am liebsten getan. Sie soll die Finger von seinem Bruder lassen, sie alle sollen die Finger von Jungs lassen, die keinen Bock auf so was haben! Oh, wie sehr er manchmal die Welt hasst! Er geht den dunklen Pfad entlang zur Weide. Dort sind die Schafe, die nie schlafen, so wie auch er nie schläft. Sie sitzen alle in einer Ecke des Pferchs, er hört ihre beruhigenden wiederkäuenden Geräusche und setzt sich zu ihnen. Sie sind so zuverlässig, einfach nur da, riechen streng vor sich hin, kauen langsam vor sich hin. Einfach nur da. Keine lüsternen Blicke, keine Vorwürfe „Du magst mich wohl nicht mehr!" Er liebt ihren Gleichmut. Den er nie hatte. Den sein Bruder nie hatte. Und schon gar nicht seine Eltern. Und die Lauter, denkt er, hat ihn auch nicht. Trotz Häuschen im Grünen und Chefposten.

Er hört etwas: ein Knacken. Ob die Lauter ihm gefolgt ist?

Nein, die hat sich Kay ausgeguckt. Diesmal scheint Alex nicht der Auserwählte zu sein. Nicht ihr Sonnenschein.

Das Gras ist verdorrt, der Sommer war heiß, und ständig knackt irgendwo etwas, aber jetzt grade knackt es stärker.

Da ist jemand.

Er hält die Luft an, will nicht mehr da sein, sich wegbeamen. Woanders hin.

Nach Afrika vielleicht oder Neuseeland.

Kay schleicht sich in die Küche. Sie ist dunkel, aber von draußen, vom Fest, leuchtet das Licht herein und gibt dem kühlen Raum einen gespenstischen Anstrich.

Das Summen des Kühlschranks, das Ticken der großen Uhr über der Tür, das Brummen der Tiefkühltruhe. Er ist nervös. Etwas in ihm hat sich verändert. Es war die letzte Saite, die ohnehin viel zu sehr gespannt gewesen war und heute Mittag gerissen ist. Laut und schmerzhaft. Er schleicht sich zur Tiefkühltruhe, öffnet sie und holt die Lammkeule heraus. Er muss aufpassen, die blöde Folie knistert ein bisschen, aber sie ist fest an der Keule angefroren, er kann sie nicht entfernen. Er sieht sich um und nimmt ein Handtuch vom Haken, das wickelt er um das schmale Ende der gefrorenen Keule, sie ist so kalt, dass man sie mit bloßen Händen nicht lange anfassen kann. Dann schleicht er mit der Keule in der Rechten wieder hinaus. Er weiß, wo Alex ist, hat ihn gesehen, wie er sich auf den Weg machte. Er wird ihm eine Lektion erteilen, diesem Liebling aller Frauen, diesem Betrüger, der sich ein Leben lang auf eine ihm nie erklärliche Art und Weise die Liebe seiner Mutter erschlichen hat, und jetzt, wo er zum ersten Mal das Gefühl hatte, dass er auch mal einen Stich machte, hat sich Brüderchen auch noch die Sympathie der Lauter erschlichen, indem er ihm die Posteridee klaute. Jetzt ist Schluss, einmal kommt der Tag, wo genug ist. Genug, genug und noch dreitausendmal genug. Er sagt es sich vor als eine Art Aufheizritual, denn eigentlich mag er den Kleinen, aber der hat ihm immer schon den Rang abgelaufen und einmal muss man sich ja auch fragen, ob man blöd ist, jemanden noch zu mögen, der einem ein Leben lang nur geschadet hat.

Nicht mehr weit und dann kommt das Feld, er wird aufpassen müssen. Er sieht von Weitem die Leuchte-

Augen der Schafe. Die Keule wiegt schwer in seiner Hand. Er muss verdammt leise sein. Soll er es wirklich tun? Ein bisschen weiter, ein Stück hinter der Schafweide, steht eine alte Scheune. Keiner benutzt sie und sie ist abgeschlossen, damit die Jugendlichen sie nicht zum Sex benutzen. Kay hat sich irgendwann einen Dietrich besorgt, ist heimlich eingebrochen, hat dort ein paar Joints geraucht, dann aber wurde es ihm langweilig und er ist nicht mehr hingegangen. Der Dietrich liegt immer noch unter einem Stein. Er wird sich an der Schafweide vorbeischleichen und dort in der Scheune, unterm Dach, die Keule ablegen, das Fenster weit auf, damit die Schmeißfliegen kommen und sie dort ganz in Ruhe verfaulen kann. Dann, nach ein paar Tagen, wenn sie den entsprechenden „Reifegrad" hat, wird er sie wieder in die Folie wickeln und zurück in die Truhe legen. Tja, und wenn man sich dann, vielleicht im Winter, zu Tisch setzen und das Ding essen will, ist es ein verfaultes Stück Fleisch, von dessen Gestank der Koch in Ohnmacht fällt.

„Was machst *du* denn da?", ruft es aus dem Dunkeln. Verdammt! Kay erinnert sich, dass schon früher, auf Nachtwanderungen, der Kleine im Dunkeln immer sehr viel besser sehen konnte als er.

Alex schlendert langsam auf ihn zu und dann, als er direkt vor ihm steht, sieht er die Lammkeule in Kays Hand. Braucht einen Moment, bis er kapiert. Kay sieht ihm das Kapieren an und das ist zu viel für ihn, nach so einem Tag, nach so einem ganzen Leben, deshalb holt er aus mit dem bleischweren gefrorenen Ding und schlägt seinem kleinen Bruder auf den Kopf. Er schlägt noch einmal und noch einmal, schreit dabei etwas von Ungerechtigkeit und als der Blonde, der Sonnige blutüberströmt am Boden liegt, geht er selbst in die Knie, entsetzt, aber er hat nicht viel Zeit zum Entsetzt-Sein, denn jetzt reißt jemand von hinten die Keule aus seiner erschlafften Hand und nur eine achtzehntel Sekunde später spürt er einen bösen Schmerz auf seiner Stirn und dann: schwarz.

Das Gelände, erleuchtet durch das blaue Blinklicht des Krankenwagens, wirkt fremd, fast außerirdisch. Polizei ist auch da. Einige der Schafe sind aufgestanden, sind in ihrem beständigen Wiederkäuen empfindlich gestört durch den ganzen Trubel.

Beide Brüder werden abtransportiert.

Der eine tot, der andere eine üble, üppig blutende Platzwunde an der Stirn.

Die Polizei später: Erstens kann man sich an so einer Stelle so eine Wunde nicht gut selbst beibringen (bezieht sich auf die Platzwunde an Kays Stirn). Zweitens waren sie immerhin Brüder und haben sich, wie man erzählt, gut verstanden. Drittens fehlt die Tatwaffe, die für den Mord und sicherlich auch für die Platzwunde verantwortlich ist.

Werter Leser, Sie werden es vielleicht schon geahnt haben: ein bisschen peinlich ist mir das Ganze schon. So weit wollte ich es nicht treiben und so habe ich das arme Kerlchen unter meine Fittiche genommen. Ich glaube ja, dass einige, inklusive seiner Eltern, es ihm zutrauten, seinen Bruder erschlagen zu haben. Aber die Narbe auf seiner Stirn, die noch ganz frisch und rot ist (und ihn ein Leben lang mahnend erinnern soll), hält alle Fragen von ihm fern. Man kann mir nicht nachsagen, dass ich Fehler, die ich mache, nicht auch wieder ausbügle.

Tja.

Ich denke, ich muss nicht extra betonen, dass diese Geschichte überall hätte passieren können, beispielweise irgendwo an der Autobahn zwischen Damaskus und Beirut oder meinetwegen im Land der großen Freiheit, in Kalifornien, in Salinas. Und die Brüder hätten statt Kay und Alex auch Adam und Charles oder vielleicht Kabil und Habil heißen können, ist ja auch wurscht, Tatsache ist, es passiert überall in der Welt, seit jeher. So sind sie, die Menschen, diese Neigung zu Eifersucht, Neid, Rache, zum Verbrechen, sie ist drin, festgestempelt in den Genen, seit Anbeginn.

Aber, lieber Leser, ich verlasse jetzt diese Geschichte, die mir schon ein wenig fad geworden ist, und wende mich den vergnüglicheren Dingen des Lebens zu. Ein alter Freund von mir, Roald, ein Engländer, der schon seit den Neunzigern hier wohnt, kommt mich heute Abend besuchen. Ich werde ihm zur Abwechslung einmal ein typisch englisches Dinner servieren. Eines der wenigen schmackhaften Gerichte, die dieses Königreich, dessen Kulinarik sonst eher zu Mitleid anregt, der Welt zu bieten hat. Ich habe schon alles vorbereitet: Es wird Süßkartoffeln geben und dazu – nein, nicht Topinambur, haha – Kartoffeln, dann noch die unvermeidliche Minzsoße und, na, Sie werden es schon erraten haben: Lammkeule.

Ende Gelände!

„Warum wohl!“, schrie Jenny wütend in ihr Handy hinein und erschreckte so den Bären, der den Kopf einzog und sich trollte. „Weil ich es Scheiße finde, hier alleine zu sein, ohne dich!“ Sie starrte wütend auf ihre Füße. „Ich weiß, dass wir das alles schon bequatscht haben, aber ich finde trotzdem, du solltest hier sein, bei mir, so wie früher immer. Du weißt doch, sie und ich, wir haben uns noch nie gemocht!“ Sie blies sich eine blonde Haarsträhne aus dem Gesicht und klappte wütend das Handy zu. Es war das neueste von Nokia. Schuldgeschenk ihres Vaters, eines von vielen.

Wir waren jeden Sommer hier gemeinsam im Urlaub. Sie stammen beide aus der Gegend, Papa vom Kaiserstuhl und Ma aus Freiburg. Es war wunderschön so zu dritt. Als Papa noch dabei war. Wir wohnten immer in einer Ferienwohnung am Stadtrand. Meist in Lehen oder Umkirch. Am Baggersee hier ganz in der Nähe habe ich schwimmen gelernt und der Mundenhof war für mich immer das Größte. Das ist ein Riesengelände mit Tieren. Kamele, Strauße, Esel und so. Und Bären, früher zwei, jetzt nur noch einer. Papa und ich sind immer zur Fütterung hin, jeden Tag um halb drei. Danach haben wir uns vor eines der Gehege gesetzt und er hat mir Geschichten von den Tieren erzählt. Dass die Bisons heilig sind und die Indianer sich deshalb immer entschuldigt haben, wenn sie einen umbringen mussten. Und dass sie ihre Urahnen mit sich rumtragen, denn bei den meisten sitzt ein kleiner Vogel auf der Stirn, der da fröhlich rumpickt. Er erzählte von den Straußenvätern, die in Wirklichkeit verwunschene Mütter waren, von den Karawanen der Kamele durch die Freiburger Innenstadt, nachts, wenn alle schliefen und keiner es sah – und er erzählte von den Bären.

„Wenn du dir einmal etwas wünschst, mehr als alles andere auf der Welt, dann können die Bären dir helfen!", sagte er.

„Und wie geht das?", fragte ich ihn dann, obwohl ich die Antwort mittlerweile auswendig kannte, so oft, wie er mir die Geschichte schon erzählt hatte.

„Du musst einem Bären so lange in die Augen sehen, bis er dich direkt ansieht. Dir tief in die Augen bis in deine Seele hinein sieht. Wenn er dann blinzelt, und du musst achtgeben, dass du das allererste Blinzeln erwischst, dann musst du an das denken, was du dir wünschst", sagte mein Vater und nickte dabei gewichtig. „Der Bär versteht es und der Bär wird es richten!", fügte er immer noch hinzu wie einen Zauberspruch.

„Aber", sagte er mit erhobenem Zeigefinger, „du darfst nie, niemals vergessen, ihm dafür zu danken! Und zwar so schnell wie möglich, sonst macht er alles wieder rückgängig!"

Dann kam das Jahr, als Ma diesen Typen traf, Dieter. Alter Schulfreund. Anzugträger. Ich weiß noch, wie sie errötete, als er sie auf dem Rathausplatz, wo wir zum Eisessen waren, ansprach. Vielleicht hatten sie früher, als sie noch jung war, obwohl ich ehrlich gesagt bezweifle, dass sie das je war, jung, meine ich, mal miteinander rumgemacht. Warum sonst ist sie so rot geworden?

Danach kam er ein paar Mal zu uns in die Ferienwohnung zum Abendessen und später sagte sie, er sei schuld. An allem. Dabei hat sie ja auch einiges zu diesem ganzen Schlamassel beigetragen. Gibt sie natürlich nicht zu, typisch!

Gestern hat Ma ihn zum ersten Mal seit damals wieder getroffen und für abends eingeladen. Sie hatte einen bösen Zug um den Mund, als sie mir davon erzählte, und irgendwie hatte ich schon so ein Gefühl.

Deshalb musste ich gleich mal ihre Reisetasche unten im Schrank inspizieren. Die Ferienwohnung, in der wir dieses Jahr sind, hat ein Schlaf- und ein Wohnzimmer. Ma zieht nachts das Schlafsofa im Wohnzimmer aus und schläft dort. Der Schrank steht in meinem Zimmer. Ein Riesending mit viel Platz für Klamotten und Gepäck. In ihrer Reisetasche, unten drin versteckt, liegt ihr sorgsam gehütetes Tagebuch. Nicht dass mich die Lektüre auch nur im mindesten fasziniert hätte, aber den einen Satz „Ich werde seine Familie ebenso zerstören wie er meine!", fand ich dann doch interessant.

Da durfte man gespannt sein. Auf den Abend, meine ich.

Dann war er da, der Herr Banker, der die Leute, vor allem seine alten Schulfreunde, so fantastisch beraten hat. Fantastisch ist ja gar kein Ausdruck! „Das ist wie ein Lottogewinn", hat Ma damals gesagt, ist grad erst zwei Jahre her, kurz nach meinem zwölften Geburtstag, „wir müssen nur diesen Kredit aufnehmen und das Geld intelligent investieren und nach zehn Jahren haben wir so viel, da können wir aufhören zu arbeiten!"

Ich weiß noch, wie ihre Stimme sich vor Begeisterung überschlug und als Papa den Kopf so zögerlich hin und her wiegte, sagte sie wütend: „Du wieder!"

Und Papa sagte: „So was muss man gut überlegen, das ist ein *ziemliches* Risiko."

„Er kennt sich doch aus, das ist sein Beruf, und wir haben ja das Haus als Sicherheit!", erwiderte die Haus-und-Hof-Verzockerin entnervt.

Intelligent investieren. Volltreffer! Haus weg, Schulden bis über beide Ohren, Streit von morgens bis abends, Ehe kaputt – aus die Maus. Herzlichen Dank an den Herrn Banker!

Ma war gestern, als er kam, ganz nervös, wie ein Schulmädchen, hat so albern gekichert, als sie ihn begrüßte. Hätte ich nicht in ihrem Tagebuch gelesen, ich hätt glatt gedacht, sie hat ihm verziehen.

Dann saßen sie im Wohnzimmer. Es gab natürlich das eine Angebergericht, das sie kann: Jakobsmuscheln, Safranschaum und Reis. Oh Pardon, natürlich *an* Reis! Wenn sie für mich kocht, dann gibts Kartoffeln gekocht und Kartoffeln gebraten und als Abwechslung Tiefkühl-Pommes. Aber der Master of Desaster hat natürlich Besseres verdient.

Ich hab ihm nicht verziehen übrigens. Weder ihm noch ihr. Denn ich musste es ausbaden. Papa zog aus, weil sie nur noch gestritten haben, und macht jetzt mit seiner Neuen, Eva, einen auf Patchwork. Sie hat zwei

Kinder, Tom und Natascha, die sind noch klein, und wenn ich dort bin, ist es so, wie ich es mir immer gewünscht habe: laut und bunt und viel Lachen. Abends liest er ihnen vor und erfindet Geschichten. Erzählt von Feen und kleinen Männchen und Oktopussen mit Zaubertinte. Ich weiß, dass ich dafür eigentlich zu groß bin, trotzdem setze ich mich immer gerne dazu.

Aber jedes Mal am Sonntagabend bringt er mich zurück. Unerbittlich. Zu Ma und ihrem Arsenal an Psychomedikamenten. Da gibt es die Tropfen fürs Einschlafen, die kleinen runden Tabletten gegen Panikattacken und die größeren gegen ihre Nervosität. Es fehlen aber noch die gegen ihre Gemeinheit.

Ich habe gebettelt, geheult, getrampelt und geschrien, aber er hat sich nicht erweichen lassen, ich muss immer zurück zu ihr.

„Sie hat doch nur noch dich!", sagt er dann.

„Das ist doch nicht meine Schuld!", schreie ich immer. Das geht dann meist noch ein paarmal so hin und her und er gibt nicht nach, null. Und dann hat er irgendwann keine Lust mehr, weiter zu streiten, und sagt das, was er immer sagt, wenn es ihm reicht und nichts mehr geht: „Ende Gelände!" (Blöder Spruch, finde ich.)

Ich wollte zu gerne wissen, was sie vorhatte. Ich ließ meine Tür angelehnt, um alles mitzubekommen. Irgendwann sagte sie: „Ich muss nur mal schnell", ging in den Flur und machte die Wohnzimmertür hinter sich zu. Sie bog aber nicht nach links zur Toilette ab, sondern nach rechts zur Garderobe. Auf Zehenspitzen!

Durch den Türspalt sah ich, dass sie etwas in seine Manteltasche gleiten ließ. Ganz offenbar hatte sie einen Plan.

Ich übrigens auch. Der Satz in ihrem Tagebuch hatte mich inspiriert.

Als sie wieder drin war, schlich ich zur Garderobe, und sieh mal an, was fand ich in seiner Manteltasche? Ein Kondom! Jetzt wusste ich, worauf sie hinarbeitete.

Ich ging dann, so leise ich konnte, ins Bad. Auf dem Regal stand ihr riesiger Kulturbeutel und nach ein bisschen Wühlen hatte ich es. Das Fläschchen. Braunes Glas. Ich schüttelte es ein bisschen und hielt es ins Licht. Dreiviertel voll.

„Hey", hatte ich zu ihr gesagt, als ich es mal auf ihrem Nachttisch stehen sah, „Betäubungsmittel?"

Sie sah mich ganz ernst an und sagte: „Die brauch ich zum Einschlafen, seit dein Vater (sie betonte bei diesen Gelegenheiten das *dein Vater* immer besonders fies) sich aus dem Staub gemacht hat. Finger weg davon, die doppelte Menge kann einen schon umbringen!"

Es gibt Dinge, die merke ich mir, speichere sie ab in einer meiner Kopfdateien, vielleicht kann man's später mal gebrauchen.

Ich schlich also mit dem Fläschchen durch den Flur zurück, als plötzlich die Tür aufging. Ich machte einen Sprung vor Schreck. Er kam heraus, der großartige Existenzenvernichter, und suchte die Toilette. Ich zeigte sie ihm, öffnete ihm ganz zuvorkommend die Tür und machte das Licht drinnen an. „Danke", sagte er und lächelte und wirkte unheimlich souverän. Ich ertrug seine Souveränität ganz entspannt. Ich wusste, es würde bald dermaßen Schluss sein mit souverän. Kurz bevor er die Toilettentür schloss, fiel mein Blick auf seinen Hemdkragen. Er hatte einen hellroten Fleck. Lippenstift. Ich grinste mir einen. Hatte sie wahrscheinlich bei ihrem albernen Begrüßungsküsschen linksrechts in die Luft geschickt platziert. Auch wenn ich sie noch nie leiden konnte, wir sind uns doch irgendwie ähnlich, beide genial – aber ich bin genialer.

Um elf Uhr hatte er schon zweimal gesagt, er gehe jetzt bald. Sie saß zufrieden da wie eine vollgefressene Katze und dachte, ihr Plan sei schon so gut wie erfüllt. Machte mit ihrem hellrot geschminkten Mund Konversation und in ihrem hübsch geföhnten Kopf machte sie sich genüssliche Vorstellungen. Wie er heimkommen würde und seiner Frau zuerst den Lippenstift und dann das Kondom würde erklären müssen.

Never make plans without your daughter, kann ich da nur sagen.

Um sie rauszulocken, rief ich mit dem Handy auf ihrem Handy an, und während sie es draußen im Flur suchte, ich hatte es in ihre Jackentasche gesteckt, stürmte ich ins Wohnzimmer. Der Mister Financial Intelligence saß am Tisch, grinste wie ein Teletubby und machte es mir dermaßen leicht. „Ist der Porsche draußen Ihrer?" Natürlich war es nicht seiner, er war mit einem lächerlichen BMW angedüst, aber klar, er musste gleich mal nachsehn, wer ihm da draußen den Rang ablief. Er stand auf und trat ans Fenster, und ich schwupps, das halbe Fläschchen in seinem Glas versenkt, als auch schon die attraktive, etwas aufgekratzte

Gastgeberin zurückkam und mich mit fragend hochgezogenen Augenbrauen hypnotisierte.

„Was?“, sagte ich, die reinste Unschuld.

„Hast du mich angerufen?“

„Ich? Ah! Oh! Da muss ich draufgekommen sein, irgendwie.“

Der Rest ist dann, wie man so schön sagt, Geschichte. Ich wollte es gar nicht wissen, nicht gleich, ob es klappte und wie. Ob er unterwegs schon zusammenbrach, vielleicht in seinem obercoolen BMW, und an einen Baum fuhr, oder erst in den Armen seiner Frau, oder vielleicht gar nicht?

„Der Bär“, hat Papa immer gesagt, „wird es richten.“

Ich hab vorhin mit Papa telefoniert. Er war total fertig mit den Nerven. Er lässt alles stehen und liegen, sagt er, und kommt und holt mich ab. Er hatte alles Mögliche in der Stimme, Mitleid, schlechtes Gewissen und so. Hat mir dann doch gutgetan.

Die Polizei hier in der Provinz ist bestimmt nicht die hellste. Aber das muss sie ja auch nicht sein. Auch wenn er nichts mehr sagen konnte und nie mehr was sagen wird – arme Sau – hat doch der Lippenstift an seinem blendendweißen Hemdkragen genug gesprochen und die Nummer seines letzten Anrufs auf'm Handy, und dann, letztendlich, war natürlich auch das Tagebuch in der Reisetasche, unten im Schrank, ziemlich gesprächig.

Tja. Schlimm!

Aber irgendwann werden sie sie wieder rauslassen. Dann hat sie immer noch ein Leben vor sich.

Ich werde dann schon erwachsen sein.

Ob wir in Zukunft im Urlaub mit der ganzen Patchworkfamily hierherkommen? Würde mir Spaß machen und ich würde mit den Kleinen rüber zum Mundenhof. Ihnen die Tiere zeigen, die fürsorglichen Straußenväter, die heiligen Bisons und die Kamele. Und natürlich den Bären.

Die Macht des Zufalls. Ein Kettenkrimi

Agatha und ich

Vorne an der Abzweigung der Kajo zur Fischerau ist irgendetwas passiert. Krankenwagen, Haufen Leute. Ich sehe nicht genauer hin, will's gar nicht wissen, mein Bedarf ist für heute gestillt. (Schriftsteller sind halt sensibel.)

Ich habe noch zwei Stunden Zeit, bis ich anfangen muss zu arbeiten. Ich kellnere dreimal die Woche. Die Zeit hat nicht mehr gereicht, um nach Hause zu gehen, daher bin ich direkt vom Bahnhof hergekommen und will mich noch ein bisschen im Café in der Gerberau entspannen. Drinnen ist nichts los und ich setze mich auf die Terrasse, meinen Lieblingsplatz, auch da ist keiner, so kann ich ungestört ein paar Atemübungen machen, während ich dem Dahinfließen des Wassers im Bach zusehe, und so komme ich hoffentlich wieder etwas runter.

Gestern Abend war die Preisverleihung in München und heute bin ich zurückgefahren. Unterwegs im Zug habe ich mir ein eigenes Abteil gesucht. Ich wollte in Ruhe genießen, die Preisverleihung noch einmal Revue passieren lassen.

Gleich das zweite Abteil war leer und ich nahm es in Beschlag. Der Preis, oder besser die Trophäe, eine Art Glasbaustein in Form eines Buchs mit Hologramm von Agatha Christie, ruhte in meinem kleinen Rucksack, denn es hatte nicht mehr in den übervollen Koffer gepasst. Ich legte den Rucksack vorsichtig in die Gepäckablage, aber nicht über mir, sondern schräg gegenüber. Schließlich wollte ich nicht, dass, falls der Zug mal scharf bremsen musste, das kiloschwere Ding oben runterkommen und mich erschlagen würde.

Ich machte es mir in meinem Sitz gemütlich, sah aus dem Fenster und war so vor mich hin glücklich.

Und plötzlich passierte es! Was schon seit sieben Monaten nicht mehr passiert war, was seit der Geschichte, für die sie mir den Preis grade verliehen hatten, nicht mehr passiert war: Ich bekam ihn! Den launischen, den nicht erzwingbaren, den sich meist rar machenden, den unabdingbaren Musenkuss!

Eigentlich wusste ich es doch. Immer, wenn ich im Zug saß und zum Fenster hinaussah, fing ich an, mir Geschichten auszudenken. Oder besser: Die Geschichten flogen mir zu. Ich hatte das ganz vergessen.

Ich lehnte mich zurück. Da war ein Kurzkrimi, den ich schreiben wollte für eine Anthologie über Wein, wozu mir aber schon seit Monaten nichts eingefallen war. Gar nichts. Null!

Ich sah aus dem Fenster und plötzlich war ich mittendrin. Im Weinberg. Brütende Hitze, ein Hochsommertag, kein Lüftchen geht, die Blätter der Weinreben sind mit einer dünnen Staubschicht bedeckt, es ist, als hielte alles Leben die Luft an, der Geruch nach ... Ich sprang auf und suchte oben im Rucksack nach meinem Schreibblock. Schob den schweren Glasbaustein zur Seite, streichelte ihn kurz, kramte nach einem Stift.

Schnell! Jetzt musste ich es einfach nur laufen lassen, wenn ich so drin bin, so ganz in der Geschichte lebe, dann rieche, höre und fühle ich alles und es läuft ganz von alleine.

Ich saß und schrieb. Der Weinberg, oben ein kleines Haus, eine Familie und ihr düsteres Geheimnis, ich spürte unter den nackten Füßen die Erde und auf meinen Schultern die Hitze der Mittagssonne …

Die Tür wurde mit viel Radau aufgerissen, regelrecht gewalttätig, fand ich, und ein Typ stapfte herein. Ein nicht voll integrierter Deutscher mit ganz offensichtlich zu viel Geschlumps in der Hose, oder warum ging der so breitbeinig?

Ich sah ihn böse an, so böse ich konnte, und nickte nur kurz auf seine blöde Frage, ob hier noch frei sei.

Sieben Monate war ich nicht mehr kreativ gewesen, nichts kam, nichts lief, null Inspiration, null Schreibfluss. Tot.

Jetzt lief es.

Ich musste diesen Menschen ignorieren und schrieb weiter. Aber es knarzte bereits.

„Kommen Sie aus Bayern?“, fragte Herr Dumpfbacke und ich hätte ihn dafür gerne geschlagen. Ich antwortete nicht, meine Lippen waren fest aufeinandergepresst, jetzt den Fluss nicht verlieren, bitte, lieber Gott, bitte, liebe Agatha Christie, ich war gerade so gut drin, das erste Mal nach gefühlten sieben Jahren, wie war das noch: der Weinberg, die Familie, ihr Geheimnis, wie roch es da oben zwischen den Weinstöcken? Ah ja, da war es wieder.

„Ich hatte gefragt, ob Sie aus Bayern kommen!“ Der Kerl hatte einen aggressiven und beleidigten Unterton.

Jetzt war er abgerissen, der Faden! Die Nase taub, ich fühlte nichts mehr, ich hörte nur den bescheuerten Zug und mir war kalt.

Ich stierte ihn wütend an und mein Blick glitt nach oben. Die Gepäckablage über seinem Quadratschädel. Ich stand auf und griff in den Rucksack, dachte nicht nach, fühlte den Glasbaustein, die kühle Glätte seiner Oberfläche. Agatha, du verstehst mich!

Und jetzt sitze ich hier, genieße den Blick aufs Wasser, spüre in mich hinein und mache ein paar Yoga-Atemübungen, denn mein Atemrhythmus ist etwas nervös. So nach und nach beruhigt sich alles. Ich bin wieder ganz bei mir.

Natürlich war es nicht gerade vernünftig und der Schreibfluss war danach definitiv unterbrochen. Meine Sachen greifen und schnell raus aus dem Abteil. Auf der Toilette, wo alles rattert und wackelt, das Blut vom Glasbaustein waschen und bei der nächsten Station aussteigen. Die Inspiration war hin und ich war noch nicht mal in Freiburg.

Aber mal ehrlich, das weiß doch jeder, dass man Schriftsteller nie, *niemals* im Schreibfluss stören soll!

Federweißer Tod

Es war mein Tag! Mein Auftritt! Ich bin in Freiburg geboren und habe bis zu meinem zwanzigsten Lebensjahr dort gewohnt, ich kenne mich aus, mit der Stadt, mit dem Essen, dem Wein. Heimspiel!

Ich wusste, dieses Mal würde ich auftrumpfen. Ich hatte einen genialen Plan.

Wir waren auf einer Mischung aus Geschäftsreise und Betriebsausflug. Freiburg, Green City, Besichtigung der verschiedenen Solar-Projekte. Wir, das waren die Chefin und sechs Mitarbeiter aus verschiedenen Abteilungen, allesamt männlich, Führungsetage. Die anderen waren mir egal, für mich war nur Aschbacher wichtig, ein Kollege, der sich bei der Chefin ständig einschmeichelte, immer auf Kosten anderer. Überhaupt ein widerlicher Mensch, wenn er abends ausging, zog er demonstrativ seinen Ehering vom Finger und ließ ihn in seine Jackett-Tasche gleiten, als ob die tollen Frauen da draußen nur auf ihn warteten.

Hier in Freiburg, das wusste ich, war meine große Chance, die Chefin war zwar hart wie Glas, aber sie hatte eine Schwäche (wahrscheinlich die einzige) für gutes Essen und guten Wein.

Und da Aschbacher, dieser kulturlose Fischkopf aus Kiel, sich erst kürzlich entblödet hatte, in der Kantine zu erzählen, bei seinem letzten Aufenthalt in Baden habe er besonders den federweißen Burgunder genossen, was nicht nur ich mit lautem Lachen quittierte, wusste ich, Freiburg, das würde mein Heimspiel werden, hier würde ich ihn endlich schlagen.

Wir wohnten in einem hübschen Hotel in der Schneckenvorstadt und für den Abend hatten wir einen Tisch in einem Restaurant in der Nähe reserviert. Ich hatte, wie gesagt, einen Plan. Oh, war der schön! Die Chefin würde mich danach mit ganz anderen Augen betrachten. Mich auf einen ihrer elitären Abende einladen, nur sie und noch drei, vier Bevorzugte.

Eine Stunde, bevor es losging, machte ich mich mit der Bedienung im entsprechenden Restaurant bekannt. Eine hübsche Endzwanzigerin, warme braune, irgendwie unschuldig wirkende Augen.

„Sie sind doch sicher Studentin und können ein paar Euro extra gut gebrauchen?", sagte ich mit gewinnendem Lächeln.

„Nein, ich bin keine Studentin, sondern Schriftstellerin", entgegnete sie in stolz-trotzigem Ton, „und ja, ein paar Euro extra kann ich immer gebrauchen."

Der Deal war ganz einfach. Wir würden den ganz normalen Wein von der Karte trinken, aber irgendwann würde ich sagen: „Der Wein hier ist ja wirklich sehr gut, aber haben Sie nicht noch etwas Besonderes? Eine Flasche für Weinkenner, ein Schmuckstück aus dem Weinkeller des Chefs?"

Und dann würde sie antworten: „Das weiß ich nicht, muss mal fragen", dann wiederkommen und ja, da sei ein ganz besonderer Tropfen, und ich würde ihr ins Wort fallen und sagen: „Wissen Sie was? Machen wir doch ein Spiel: Sie entkorken die Flasche und schenken uns mit verdecktem Etikett jeweils ein Glas ein und wir raten, was es ist, Rebe, Lage, Jahrgang und so." Und ich würde auffordernd in die Runde sehen, die

Chefin würde mitmachen und den Aschbacher würde ich dazu nötigen. Die Flasche hatte ich am Nachmittag in der kleinen Weinhandlung um die Ecke gekauft, für einen glatten Hunderter, das Etikett hatte ich quasi fotografisch in mein Gedächtnis aufgenommen. Die Schriftsteller-Bedienung erhielt von mir auch einen Hunderter fürs Mitspielen.

Insgesamt zweihundert waren nicht zu viel, wenn es mir damit gelang, diesen Aschbacher für alle Zeiten aus dem Rennen zu werfen. Federweißer Burgunder! Dieser Mensch konnte angegorenen Traubenmost nicht von Wein unterscheiden, peinlich!

Der Abend begann ganz wunderbar. Wir hatten vormittags und nachmittags Führungen gehabt und vor dem Essen zwei Stündchen für uns zum Entspannen. Die Chefin war gut gelaunt und wirkte nicht ganz so glashart wie sonst. Aschbacher war regelrecht aufgekratzt und ließ, wie ich aus dem Augenwinkel bemerkte, den Ehering wieder einmal in die Sakkotasche gleiten. Auch ich war in guter Stimmung, erwartungsvoll erregt.

Während die Bedienung unsere Bestellungen aufnahm, suchte ich ihren Blick, schließlich waren wir Komplizen, aber sie wich mir aus. Nun ja, man konnte es ihr nicht verdenken, wenn sie etwas unsicher war, es lag nicht jedem, andere zu betrügen, mir eigentlich auch nicht, aber heute musste es sein.

Ich hatte ein bisschen Lampenfieber wie vor einem Theaterauftritt. Die Vorspeise kam und der Wein. Alle hatten einen Wein von der Karte gewählt, die Chefin, die links von mir saß, einen Spätburgunder, ich einen

Weißen Burgunder und Aschbacher, der rechts von mir saß, schloss sich mir an und nahm den gleichen Weißen Burgunder wie ich.

Mein Auftritt musste noch etwas warten bis später, wenn alle gegessen hatten und ich so die volle Aufmerksamkeit bekommen würde.

Angesichts des Triumphes, den ich in Kürze haben würde, war ich diesem hinterfotzigen Karrierist Aschbacher gegenüber schon fast milde gestimmt. Ich sah ihn an, seine solargebräunte, etwas schmierig wirkende Haut, die pomadigen dunklen Haare, die immer wichtigtuerisch hochgezogenen Augenbrauen, und hatte schon beinahe ein bisschen Mitgefühl mit ihm.

Das Essen kam, der Wein kam. Wir nahmen unsere Gläser und stießen an, ich war in richtig guter Stimmung. Ich hielt die Nase übers Glas, sog den Duft ein, nahm einen ersten Schluck, es war kein besonderer, aber ein guter Wein, passte perfekt zum Essen. Ich setzte das Glas ab, als Aschbacher vernehmlich und äußerst unmutig mit der Zunge schnalzte und „Tz tz!" machte.

„Nein, das geht aber gar nicht!", sagte er und stellte sein Glas wütend auf den Tisch. Er wandte sich zu mir und sagte laut: „Du hast doch den gleichen Wein bestellt oder?"

Als ich nickte, sagte er laut: „Und?"

Die Chefin drehte sich interessiert zu uns.

„Was?", sagte ich, bereits leicht irritiert.

„Schmeckst du das denn nicht?", sagte er mit unnötig lauter Stimme und deutete mit theatralischer Geste auf das Glas.

„Wieso“, sagte ich und kam mir dumm vor. Ich nahm noch einen kleinen Schluck, nein, der Wein korkte nicht, falls er das gemeint hatte.

„Das glaube ich nicht!“, sagte er so laut, dass es schon fast geschrien war. „Ich dachte, du kennst dich aus, ja schmeckst du das denn nicht?“

Die Chefin legte Messer und Gabel zur Seite und widmete ihre ganze Aufmerksamkeit unserem hübschen kleinen Dialog. Alle Augen richteten sich auf uns. Ich kam mir zwischen den beiden plötzlich richtig eingeklemmt vor. Und unbehaglich wie ein Schulkind, das schon wieder die falsche Antwort gegeben hat. Mir schräg gegenüber saß Feiler, der Chef der IT-Abteilung, und lachte laut und hämisch. Er wusste zwar nicht, worum es ging, aber beim Hämisch-Lachen war er gerne der Erste.

Bevor ich etwas Weiteres sagen konnte, rief Aschbacher mit autoritärer Stimme und einem peinlichen Fingerschnipsen die Bedienung herbei, die gleich kam.

„Da muss wohl ein Versehen passiert sein mit dem Wein!“, sagte er und deutete erst auf sein, dann auf mein Glas.

Sie sah ihn mit ihren unschuldigen Kinderaugen an und sagte: „Ich verstehe nicht.“

„Dieser Wein“, sagte Aschbacher mit gereizter Dozentenstimme, „ist laut Karte ein 08er Weißer Burgunder aus Laufen, richtig?“

„Ja“, sagte sie und sah ihn fragend an.

„Dieser Wein“, sagte er langsam und sah aufmerksamkeitsheischend in die Runde, „soll ein 08er Weißer Burgunder aus Laufen sein?“

„Ja!“, sagte die Bedienung mit Nachdruck.

Wir alle sahen ihn an. Ich bekam langsam wieder Oberwasser. Es *war* ein Weißer Burgunder! Falls er den ganzen Aufstand machte, weil er glaubte, er habe fälschlicherweise einen Riesling oder einen Gutedel oder was auch immer erhalten, dann würde er hier einen echten Bock schießen. In Gedanken kräuselte ich schon die Lippen zu einem amüsierten Grinsen.

„Das ist kein 08er Weißer Burgunder aus Laufen!“, sagte er laut, langsam und überdeutlich und das Kräuseln meiner Lippen wurde jetzt auch äußerlich sichtbar. Oh doch, du Depp, dachte ich, das ist ein Weißer Burgunder, wenn auch kein Federweißer Burgunder, und musste aufpassen, dass ich nicht losprustete.

„Meine sehr verehrte junge Dame“, sagte Aschbacher süffisant, „ich weiß, wovon ich spreche, dieser Wein hier ist ein 10er Weißer Burgunder vom Ihringer Winklerberg und definitiv kein 08er aus Laufen! Wer sich nur ein winziges bisschen mit Weinen auskennt“ – er warf mir einen verächtlichen Blick zu – „merkt das beim ersten Schluck. Was sage ich denn: *vor* dem ersten Schluck, schon am Geruch! Aber bitte, vielleicht bringen Sie einfach die Flasche her, dann werden wir ja sehen“, und scheuchte sie mit einer ungeduldigen Geste nach draußen.

Am Tisch war kein Laut zu hören. Nur von Feiler gegenüber gingen ein paar grummelnde Geräusche aus, Verdauung oder vielleicht Hunger, dachte ich.

Es waren die längsten zwei Minuten meines Lebens! Ich wusste, ich hatte verloren. Aschbacher, dieser hinterfotzige Schleimer, hatte es irgendwie geschafft, mir zuvorzukommen.

Da kam die Bedienung zurück, mit der Flasche in der Hand, sich zehn Mal entschuldigend, den Kopf zwischen die Schultern gezogen, unterwürfig lächelnd und mein Schicksal war besiegelt.

Im Laufe des Abends wechselte die Chefin den Platz, bat mich zu rücken, damit sie neben Aschbacher sitzen konnte. Er fuhr sich häufig mit gespreizten Fingern durch sein dichtes Pomadehaar, lachte viel und laut, war amüsant, eloquent, weltmännisch.

Ich wollte nur noch zurück ins Hotel. Freiburg, meine geliebte Schneckenvorstadt, der badische Wein, mein Heimspiel. Verloren.

Den restlichen Abend fühlte ich mich, als wäre ich unter einer Glocke, versuchte, die mitleidigen Blicke der Kollegen zu ignorieren. Dann brachen wir endlich auf. Die Bedienung hatte beim Kassieren den Blickkontakt mit mir gemieden. Nun verabschiedete sie uns, sie hatte ein gutes Trinkgeld erhalten, und geleitete unsere Gruppe noch zur Tür. Ich ging draußen nur zwei, drei Schritte, dann bückte ich mich, um meinen Schuh neu zu binden, ich wollte die anderen vorgehen lassen, um mich an der frischen Luft zu sammeln, als ich hinter mir im Eingang Aschbachers Stimme vernahm.

„Hier“, sagte er, „ich leg noch mal 50 drauf, Sie sind eine wirklich gute Schauspielerin!“

„Ich bin Schriftstellerin“, sagte sie, „aber das ist im Grunde ganz ähnlich, das ist ja auch so tun als ob.“

Ich erhob mich und ging weiter. Aschbacher holte mich ein, klopfte mir auf die Schulter und sagte in mitfühlendem Ton: „Kopf hoch!“, und ging schnell weiter, um zur Gruppe aufzuschließen.

Eine Stunde später, wir waren im Hotel angelangt und alle hatten sich auf ihre Zimmer verzogen, trieb es mich nach draußen. Ich musste es irgendwie schaffen, mich abzuregen, sonst würde ich noch explodieren. Ich hatte ein kleines Schnapsfläschchen aus der Minibar ausgetrunken, aber es hatte nicht geholfen, ich war viel zu aufgewühlt. Vielleicht würde es etwas helfen, wenn ich durch die nächtliche Stadt lief, ziellos, einfach irgendwohin, um Dampf abzulassen.

Draußen atmete ich ein paarmal tief ein und aus, es war hier um diese Zeit menschenleer, man hörte nur das Rauschen des Baches. In diesem Moment ging die Tür des Hotels auf und Aschbacher trat heraus. Er zündete sich eine Zigarette an und inhalierte tief und ich wusste, dies war eine Chance, die das Schicksal mir liebevoll präsentierte.

Als er den Kopf nach links drehte, sah er mich da stehen.

„Hey, alter Junge", sagte er jovial, „nimm's sportlich" und hatte das selbstsichere Grinsen eines Siegers im Gesicht.

So fasste ich einen ganz schnellen, ganz spontanen Entschluss.

„Hey", sagte ich, „ich nehm's sportlich, man muss schließlich auch verlieren können!" und grinste breit. „Kennst du eigentlich das Krokodil im Bach?"

„Krokodil?" Er schüttelte ungläubig den Kopf.

„Da, mitten im Bach", sagte ich und fand es gar nicht schwierig, als er sich weit übers Geländer lehnte, um die steinerne Skulptur, die sich mitten im Bach befand, zu bewundern, ihn unten an den Beinen zu packen und übers Geländer in den Bach zu kippen. Dann kletterte ich auch übers Geländer, sprang hinterher und unten, im nur knietiefen Bach stehend, achtete ich darauf, dass sein Kopf, den er sich beim Fallen angestoßen hatte, was ihn etwas benommen machte, nicht mehr auftauchte. Nach erstaunlich kurzer Zeit war Schluss mit dem Gezappel und ich ließ locker. Vielleicht war der Wein, den er nach seinem Sieg den ganzen Abend so üppig genossen hatte, ja auch hilfreich bei dieser Aktion.

Danach stieg ich gleich wieder hinaus und sah seinem Körper dabei zu, wie er von der Strömung langsam davongetrieben wurde. Etwas weiter vorne, hinter der Brauereigaststätte, würde er vielleicht in den seitlichen Gittern hängen bleiben. Morgen würden sie ihn finden. Ich war mir sicher, sein Siegerlächeln würde verschwunden sein, und auch die Gesichtsfarbe, die den ganzen Abend in stolzem Rot geleuchtet hatte, würde sich verändert haben, eher weiß sein. Federweiß.

Tu's!

Später konnte Petra nicht genau sagen, woran es lag. Wahrscheinlich an einer Reihe von Dingen. Auf dem Weg in ihre Therapiestunde hatte sie wie immer kurz an der Insel Halt gemacht, um ins Wasser zu sehen und sich zu sammeln, als sie direkt neben dem Krokodil etwas aufblitzen sah. Bei näherem Hinsehen stellte sie fest, dass es ein Ehering war. Sie brach in Tränen aus.

In der darauffolgenden Therapiestunde kam ihr alles hoch: die Trauer über die falsche Entscheidung, sich nach all den Jahren von ihrem Mann zu trennen, („Sagen Sie einfach zu sich selbst: ‚Tu's'", hatte die Therapeutin ihr geraten), über ihre Zweifel an der Therapie, in deren Verlauf sie immer depressiver geworden war und einsamer („Tu's", hatte die Therapeutin gesagt, als sie Probleme mit ihrer besten Freundin hatte und danach hatte sie ihr die Freundschaft gekündigt).

Sie sagte der Therapeutin unter Tränen, dass sie langsam glaubte, man gehe letztlich nur deshalb so lange in Therapie, weil man durch die neuen, in der Therapie erlernten Verhaltensweisen immer noch mehr Probleme bekam, derentwegen man dann in Therapie musste, und so weiter.

„Sagen Sie nicht *man*, wenn Sie *ich* meinen", antwortete die Therapeutin und da sprang Petra auf, das war ihr jetzt wirklich zu doof, und rannte hinaus und die Therapeutin rief ihr völlig unnötig noch hinterher: „Die Zeit war sowieso um!"

Als Petra draußen war, ein bisschen tränenblind, kam sie am Augustinerplatz auch noch an der Säule der Toleranz vorbei und wahrscheinlich war das der letzte in einer Reihe von Auslösern. In dieser Situation auch noch an Toleranz gemahnt zu werden, war einfach zu viel.

Jetzt stand sie oben, an dieser Stelle neben der Stadtmauer. Sie kannte sie von ihrer Therapeutin, die hatte ihr einmal erzählt, dass sie nach der Arbeit immer noch in die Atrium-Passage zum Kaffeetrinken ging und danach verließ sie die Passage über einen Hinterausgang und das Interessante daran war – deshalb hatte die Therapeutin ihr davon erzählt – dass man an dieser Stelle den oberen Teil der alten Stadtmauer sehen konnte, die war nämlich ins Gebäude der Atrium-Passage sozusagen integriert.

Petra wusste also, die Therapeutin würde hier, an diesem etwas versteckten Ort, früher oder später vorbeikommen. Was Petra in diesem Moment an der Stelle besonders gefiel, war die steile, harte Metalltreppe, die von hier aus hinunter in die Gerberau führte.

Petra kauerte in der Hocke neben der Mauer. Hier oben kam kaum jemand vorbei.

Und schließlich wurde ihr Warten belohnt. Da kam sie, die Abzockerin in ihren erdfarbenen Natur-Klamotten, und bog zügig nach rechts ab Richtung Treppe. Petra hielt sich noch im Hintergrund. Die Therapeutin ging drei Stufen der Treppe hinunter, dann kam ein Absatz, dann ging die steile Treppe weiter.

„Tu's!", sagte Petra leise zu sich und sprang auf.

Draußen, auf dem Augustinerplatz ratterte gerade eine alte Dame mit ihrem Rollator über das Kopfsteinpflaster, als sie meinte, einen Schrei zu hören. Sie drehte sich um Richtung Gerberau und sah angestrengt in die Richtung, aus der sie den Schrei gehört zu haben glaubte, aber da war nichts mehr und so wandte sie sich wieder ihrem Rollator zu.

Coq au vin

Mal ehrlich, Mona, ich dachte, solche Männer gibt es gar nicht mehr heutzutage und seit den Wechseljahren bin ich auch nicht mehr so …, du weißt schon, also ich dekoriere ehrlich gesagt lieber meine Wohnung, mach's mir schön oder gehe zu einer Lesung. Natürlich zu einer literarischen, keiner mit primitiven Krimis oder so. Jedenfalls, ich hatte mir für das Essen mit ihm Coq au vin vorgenommen, mich extra unten im Weinladen beraten lassen und sie hatten einen 2010er Riesling aus dem Markgräflerland, Achim Jähnisch, ich hätte lieber einen Elsässer gehabt, aber der Verkäufer meinte, der Lehrmeister des Winzers sei immerhin Bernhard Huber, was mir zwar nichts sagte, aber ich dachte, das hört sich gut an. Der einzige Wermutstropfen war das Hähnchen, ich wollte eines aus Frankreich, nourri au maïs, so ein gelbfleischiges Poulet de Bresse, natürlich frisch, aber ich bekam auf die Schnelle leider nur ein tiefgefrorenes.

Und ich stehe in der Küche, das Hähnchen grade in einen Teller gelegt zum Auftauen, da ruft er an und sagt: Ich stehe unten vor der Tür, ich kann's nicht erwarten.

Ich bin aber noch nicht fertig, sage ich ein bisschen kläglich, das Essen ist nicht annähernd fertig. Aber er: Ich muss dich spüren, jetzt!

Mein Gott, Mona, ich weiß nicht, wann mir das letzte Mal ein solches Wirbelwindgefühl durch den Unterleib gesaust ist. Ich bin total hingerissen und eile zur Tür, drücke auf den Türöffner unten. Er ist in Sekundenschnelle oben und ich bitte ihn herein. Er sagt nichts, sieht mich nur mit diesen dunklen Augen an, treibt mich mit seinem Blick vor sich her in die Küche, ich bin richtig willenlos und habe weiche Knie und weiche vor ihm und diesem unglaublich intensiven Blick zurück. Er folgt mir ganz langsam und schließlich sind wir in der Küche und ich, immer noch ganz in seinem Bann, greife nach hinten und nehme das Hähnchen und halte es fast wie einen Schutz vor mich hin und sage: Es gibt Coq au vin heute Abend, aber es dauert noch. Denn tatsächlich hatte ich es ja andersrum geplant, erst gemütlich essen, Kerzenschein und so, dann ein Glas Wein oder zwei und dann so Schritt für Schritt Erotik, erst ein bisschen, dann mehr. Du kennst mich ja, ich mag es gerne geordnet. Aber er, dieser Wilde, dieses Tier, oh Mona, es war wahnsinnig, er nimmt mir das Hähnchen aus der Hand und wirft es in hohem Bogen aus dem Fenster, glaubt man so etwas (ein Glück, dass es ein so warmer Tag war und das Fenster offenstand), und dann packt er mich und zieht mich zu sich, ganz nahe, und sagt mir ins Ohr: Wenn ich dich nicht sofort kriege, auf der Stelle, dann garantiere ich für nichts.

Kevin ist zackzack auf dem Rad und schon brettert er die Fischerau entlang. Die Alte hatte ganz interessiert irgendwo hingeschaut, da konnte sie natürlich nicht auf ihre Handtasche, die vorne im Körbchen ihres Rollators platziert war, aufpassen. Kevin fährt, was das Zeug hält, falls sie's gleich merkt und ihm jemanden hinterherschickt. Er ist gespannt auf die Ausbeute. Manchmal ist nur eine doofe Lesebrille drin und drei

Euro fünfzig. Aber es hat auch schon Scheine gegeben. Grade als er auf Höhe des Honigladens ist, spürt er plötzlich einen superharten Schlag am Kopf. Irgendetwas hat ihn getroffen, ein Stein? Verfolgen sie ihn? Er hat keine Zeit, darüber nachzudenken, er muss schnell weiter, hält sich auf dem Rad, obwohl es in seinem Kopf furchtbar rauscht und sich Schwarz vor seinen Augen ausbreitet, er fährt und fährt und als er am Ende der Fischerau, wo sie sich gabelt, den linken der beiden Ausgänge wählt, den mit dem Pfosten in der Mitte, stellt sich das als Fehler heraus, denn mittlerweile läuft Blut in seine Augen und er sieht gar nichts mehr, er streift in rasanter Fahrt den Pfosten und knallt nur den Flügelschlag eines Schmetterlings später vorne bei der Kajo auf den Boden. Die Handtasche fliegt ein kleines Stück weiter und so liegen sie beide da, reglos.

Wenige Minuten danach fährt Kim, eine junge Studentin mit rotgesträhntem dunklem Haar und frechen Augenbrauen auf ihrem Rad die Fischerau entlang. Sie hat es nicht eilig, sie ist am Waldsee verabredet, hat aber noch ein bisschen Zeit. So trödelt sie, schaut hierhin und dorthin und da fällt ihr auf, dass unter einer wacklig aussehenden Holzbank etwas liegt. Sie steigt ab und bückt sich und entdeckt ein Hähnchen. Sie holt es hervor und besieht es sich. Es ist tiefgefroren und die Plastikhülle ist nur an einer Stelle ein bisschen eingerissen, wahrscheinlich von dem Sturz. Poulet de Bresse, nourri au maïs, steht auf dem Etikett, das muss einer Ökotussi aus dem Einkaufskorb gefallen sein. Nourri au maïs, wenn sich das nicht nach gourmetmäßigem Teuergenuss anhört! Kim grinst sich einen. Tja, da muss wohl jemand heute Abend umdisponieren, so einen Franzosengockel weiß man auch als Studentin zu schätzen, sie kramt in ihrer Einkaufstasche, fördert eine Plastiktüte zutage, legt das Hähnchen hinein und verstaut es in der Tasche. Dann fährt sie weiter und biegt am Ende der Fischerau, da wo sie sich gabelt, rechts ab.

Kurz darauf entdecken Fußgänger den Jungen, dann trifft der Krankenwagen mit dem Notarzt ein und später, im Krankenhaus, rollen sie ihn hastig in den OP. Dort wird er am Schädel operiert, aber er wird es schaffen, ja, überleben wird er auf jeden Fall!

In der Zeit danach wird er ziemlich grüblerisch werden, oft der Frage nachhängen, wer ihn da am helllichten Tag vom Fahrrad gebombt hat, und manchmal, aber nur manchmal wird er nahe dran sein, Gott in Betracht zu ziehen.

Mona wird in den darauffolgenden Wochen noch ein paar sehr delikate, wirklich *sehr* delikate Details am Telefon erfahren, bevor in der Fischerau der Alltag wieder einkehrt und, wie es sich gehört, erst gegessen, dann getrunken und dann erst zum erotischen Teil des Abends übergegangen wird.

Das Hähnchen, ein kräftiges, gelbfleischiges Exemplar aus der Bresse, langsam aufgezogen und mit Mais gefüttert, wird, nachdem es bei dem Vorfall mit dem Jungen eine wenig positive Rolle spielte, am gleichen Abend noch die Gelegenheit bekommen, zu zeigen, was wirklich in ihm steckt – aber das ist eine andere Geschichte.

Waldsee Passion
Krimiromanze in 3 Akten

Erster Akt

„Hey, Kim", sagte Björn und hatte sein typisches Gummilächeln im Gesicht. Johannes wandte sich resigniert seinem Wein zu. Es ist absurd, dachte er, da verabredet man sich, um gemeinsam abzuhängen und zu reden, und dann finden jede Menge Gespräche statt – am Handy, mit anderen.

Aber er gestand es sich ein, er war neidisch. Auf die lockeren Frauengeschichten, die Björn ständig am Laufen hatte, auf seine easy Art, mit Leuten umzugehen, den riesigen Freundeskreis. Er seufzte, vielleicht war er, Johannes, halt doch nur ein langweiliges, verwöhntes Reicheleutesöhnchen.

Es war ein wunderbar warmer Frühlingsabend und sie saßen beide draußen auf der Terrasse des Waldseerestaurants. Sie war mit bunten Lichtern geschmückt, die einem in lauen Sommernächten ein irgendwie italienisches Gefühl gaben, und der Waldsee, einer der romantischsten Orte, die Freiburg zu bieten hatte, war wie gemacht für eine Romanze.

So wunderte es ihn nicht, dass er melancholisch gestimmt war, denn Romanzen, so schien es ihm, stoppten immer kurz vor seinem Leben, drehten sich auf dem Absatz um und flohen.

„Das gibt's doch nicht!", schrie Björn in sein Handy, nahm es kurz vom Ohr und sagte zu Johannes: „Das gibt's doch nicht!" Dann stand er auf und rief ins Handy: „Steh mal auf! Yeah!" und winkte.

Johannes folgte seinem Blick: Auf der anderen Seite der Terrasse hatte sich bereits eine junge Frau auf den Weg gemacht und kam mit schnellen, im Kies knirschenden Schritten auf sie zu.

„Kim!", rief Björn, „das ist ja super, schon eine Ewigkeit nicht mehr gesehen!"

Kim war groß, hatte muskulöse Oberarme und kurzes dunkles Haar, das von roten Strähnen durchzogen war, die selbst jetzt, in der Dämmerung, zu leuchten schienen. Johannes betrachtete fasziniert ihre tiefschwarzen Augenbrauen, die weit geschwungen waren und an Adlerflügel erinnerten. Er seufzte innerlich, das war genau die Frau, die zu Björn passte. Eine Prachtfrau. Er selbst würde sich niemals an so jemanden herantrauen. Tatsächlich hatte er es bis heute nicht geschafft, sich an *irgendeine* Frau heranzutrauen, denn im entscheidenden Moment fehlten ihm die Worte und wenn er dann trotzdem etwas sagte, war es so unterirdisch, dass er damit noch jede vertrieben hatte. Vergiss es, sagte er zu sich selbst, du bist ein Loser.

Kim und Björn redeten schnell und viel. Hin und wieder in ihrem Gespräch, das öfter durch ein lautes Schaut-mal-her-wie-fröhlich-wir-sind-Gelächter unterbrochen war, sah Kim Johannes lange und intensiv in die Augen. Wenn er sich nicht so sicher gewesen wäre, sowieso nie einen Treffer landen zu können, hätte er geglaubt, sie versuche, mit ihm zu flirten.

Schließlich stand sie auf, wobei sie sich mit der Hand auf seinem Knie abstützte. „Ich muss wieder, bin mit ner Freundin da", sagte sie. Auf Björns „Bring sie doch her" erwiderte sie mit einem resignierten Blick zum Himmel: „Geht nicht, das ist Mädels-Talk, Liebesschmerz und so" und ging davon.

Björn begann irgendetwas zu quasseln, während Johannes seinen deprimierenden Gedanken weiter nachhing und Kims muskulösem Hintern dabei zusah, wie er sich entfernte.

Später fragte er sich oft, ob es das gab, dass in bestimmten Situationen die Sinne übermäßig geschärft waren, ob es möglich war, dass man ein paar Sekunden lang doppelt oder sogar dreifach so gut sehen konnte wie sonst? In dem Moment, als Kim sich setzte und ihre Freundin den Blick hob, um zu ihnen zu sehen, in diesem Moment war es, als hielte das Leben an, als fokussierten seine Augen sich neu, stellten sich Linsen und Pupillen genau so ein, dass er schärfer sah denn je, und so, auf höchste Genauigkeit eingestellt, trafen sich ihre Blicke.

Er sah ihre Augen, unnatürlich groß, sah den Schmerz darin, sah ihren verletzlichen Mund, ihre zarte helle Haut, eine kleine blaue Ader an ihrem Hals, die mit seinem Herzschlag um die Wette pochte. Sein Blick wanderte zu ihren glitzernden Silberhaaren und kehrte immer wieder zurück zu der pulsierenden Ader an ihrem Hals.

Es war ein Moment von so bedingungsloser Intensität, dass es ihm vorkam, als würde hier und jetzt sein Schicksal festgelegt werden.

„Ist was?", sagte Björn und knuffte ihn in die Seite.

Und schon war es vorbei. Die Pupillen hatten sich wieder geweitet, das Gesicht dieses zauberhaften

Wesens war wieder entglitten bis ans andere Ende der Terrasse, das Stimmengewirr an den Tischen um ihn herum schwoll wieder an, die Schritte der Bedienung im Kies, das holprige Lachen eines Mannes, das Summen eines Handys. Alles war wieder da wie vorher.

Als wäre nichts gewesen.

„Du bist ja ganz weiß!", sagte Björn.

„Ich muss etwas tun", sagte Johannes und hatte einen ungewöhnlich entschiedenen Ton in der Stimme.

Auch für Svenja-Marie war es eine Sekunde lang so gewesen, als sähe sie alles. Bei ihr war es weniger die Fokussierung der Augen, als vielmehr das Gefühl, einen Einblick bekommen zu haben. Hinter die Fassade, direkt in die Seele eines Fremden.

Sie hatte sich mit Kim getroffen, um sich zu verabschieden. Sie würde den ganzen Sommer in Frankreich verbringen. Paris, ein Kurs an der Sorbonne, es war gut für sie, auf Abstand zu gehen. Zwei Tage zuvor hatte sie mit ihrem Freund Schluss gemacht. Jetzt hatte sich eine deprimierende Ratlosigkeit bei ihr eingestellt.

Es war eigentlich nichts falsch gewesen an ihm, er war so wie die anderen vor ihm gewesen. Groß, kräftig. Breitschultrig in jeder Hinsicht. Kein empfindsames Luftwesen wie sie selbst. Ein Mensch, der sie erden konnte, Halt bieten und so. Aber dann, an einem der Abende, als sie aus der Innenstadt zurück nach Hause gingen, fiel ihr auf, während sie neben ihm fast rannte wegen seiner großen Schritte, dass sie sich nie einsamer fühlte als in seiner Gegenwart. Zu

Hause angekommen, verschwand er gleich im Bad und machte dort allerhand richtig laute Geräusche. Währenddessen ging sie diesem Gefühl nach, zum ersten Mal eigentlich, und eine unangenehme Frage ergab die nächste und noch eine und noch eine und schließlich war ihr klar geworden, dass aller Wahrscheinlichkeit nach ein Luftwesen wie sie sich mit einem kräftig gebauten Eishockeyspieler immer einsam fühlen würde. Es war eine Wahrheit, die sie nur ungern und mit Mühe verdauen konnte, denn da war eben auch dieses Beschütztsein, das sie von dieser Art Männern bekam.

Die nächsten Tage spielte sie an dieser Erkenntnis, probierte verschiedene Lösungen, ertrug ein paar kleine, aber feine Gedanken und sagte schließlich „Ich liebe dich nicht mehr“ zu ihm. Das war nur die halbe Wahrheit. Die ganze Wahrheit war, dass sie herausgefunden hatte, dass sie ihn nie geliebt hatte. Nicht ihn, nicht die anderen. Nie hatten ihre Seelen gemeinsam gesungen, ihre Gedanken sich umschlungen und getanzt, nie hatte sie ein Gedicht auf Französisch für ihn schreiben wollen.

Und jetzt, am Abend ihrer Abreise, an dem sie sich in einem äußerst melancholischen Zustand befand, traf ihr Blick diesen Jungen mit den dunklen Haaren und den ernsten Augen, Freund eines Freundes ihrer Freundin, und etwas in ihr sagte:

„Das also, das also ist die Liebe.“

„Kein Problem“, sagte Björn. „Wir packen unsere Gläser und setzen uns an ihren Tisch.“

„Du spinnst wohl!“, sagte Johannes. „Hast du nicht gehört, was Kim gesagt hat? Ihre Freundin hat Liebeskummer und sie müssen sich in Ruhe unterhalten. Da dazwischen zu platzen: unmöglich!“

Johannes atmete tief durch. Der Himmel war inzwischen tiefblau und es wurde langsam ein bisschen kühl. Die bunte Lichterkette erinnerte ihn daran, dass dieser Abend märchenhaft sein könnte. Er hatte die Nase so voll davon, immer im Abseits zu stehen und anderen beim Leben zuzusehen. „Irgendwas *muss* ich tun“, sagte er zu Björn und wunderte sich selbst über die Verzweiflung in seinem Tonfall.

„Da!“, sagte Björn. „Sie steht auf! Entweder sie geht jetzt heim, oder du hast Glück und sie geht nur aufs Klo.“

„Stier da bitte nicht so hin!“, sagte Johannes und senkte seinen Blick.

„Da! Perfekt! Sie geht hinein. Los, hinterher! Pass sie vor dem Klo ab und tu so, als wärst du auch grad auf dem Weg dorthin und quatsch sie an.“

„Was soll ich denn ...“, sagte Johannes, wohl wissend, dass ihm in solchen Situationen immer die Worte fehlten.

„Egal was. Dass du sie wiedersehen willst, schreib ihr deine Telefonnummer auf. Oder besser, frag sie nach ihrer, dann hast du die Kontrolle.“ Er schob Johannes fast vom Stuhl. Der stand auf, wischte sich die feuchten Hände an der Hose ab und machte sich auf den Weg. Draußen vor der Toilette wartete er und spürte eine scheußliche kleine Übelkeit im Magen, die sich von Minute zu Minute verstärkte. Ungünstig war, dass es vor der Toilettentür mit der Aufschrift „Damen“ keine Ständer mit Werbung oder den üblichen Postkarten gab, nichts, was es gerechtfertigt hätte, hier rumzustehen, da war nur die Klotür und ein Stück weiter ging es zum Herrenklo. Er stand ganz und gar nutzlos da, sah den Gästen zur Linken und zur Rechten auf die Teller und kam sich vor wie ein Idiot.

Schließlich hörte er drinnen eine Tür und dann Wassergeplätscher. Er ging ein paar Schritte zurück und bückte sich, um seinen Schuh zu binden, damit es nicht so aussah, als würde er auf sie warten.

Da kam sie.

Als sie ihn sah, blieb sie abrupt stehen, Johannes erhob sich schnell und der Moment von vorher wiederholte sich, kürzer zwar und weniger intensiv, aber da war es wieder, dieses seltsame Gefühl, es hatte etwas mit Wissen zu tun, es war, als ginge eine kleine Tür auf, um ihn einen Blick in eine Welt werfen zu lassen, in der das alles nicht wichtig war, das Angebergequatsche, das Cool-Tun, das Stärke-Vortäuschen, attraktiv und ungebunden wirken, selbstbewusst sein, immer die richtigen Worte finden.

Dann aber vermasselte er alles, indem er den Mund aufmachte und anstatt zu sagen: „Ich möchte dich gerne wiedersehen“ verhielt sich sein Mund wie ein Automat, der falsch programmiert worden war, und heraus kam ein blöde gestottertes „Äh, ich muss mal. Auf die Toilette, meine ich“ und weil das so unsäglich war, dieser Verrat seines Mundes an ihrer beider Gefühl, flohen sie beide in entgegengesetzte Richtungen, er Richtung Toilette, sie nach draußen.

Zweiter Akt

Es war ein unwirtlicher, kalter Tag. Das Wetter hatte sich wieder darauf besonnen, dass noch Frühling war, und auf die ungewöhnliche Frühsommerwärme war wieder eklignasse Kälte gefolgt. Johannes war eine Woche lang jeden Tag zum Waldsee gefahren. Hatte die verschiedenen Programme an den verschiedenen Wochentagen mitgemacht, hatte dienstags bei „Jazz ohne Stress" angespannt vor sich hingesehen und sich mittwochs bei „move to groove" steif an der Wand entlanggedrückt.

Er war noch nie so entschlossen gewesen. Kein Wunder, denn er hatte keine, nicht die allerkleinste Chance, diesem Gefühl zu entkommen. Er dachte zu jedem Zeitpunkt an sie, beim Radfahren, wenn er vor dem Computer saß, wenn er versuchte zu lesen. An ihre silberfarbenen Haare, die Ader an ihrem Hals, die zarten Lippen. Sie schien so luftig, so dünnhäutig, fast kam es ihm in seiner Erinnerung vor, als sei sie lichtdurchlässig gewesen.

Er schob die Bücher auf seinem Schreibtisch zur Seite, schob den Gedanken an seine Bachelorarbeit, die er diesen Sommer schreiben musste, zur Seite, schob seine Freunde weg, das Essen, alle Termine, alles.

Er existierte nur noch durch seine Gedanken an sie.

Und nach fünf langen, quälenden Abenden im Waldseerestaurant stand plötzlich Kim am Nebentisch, die Freundin, die mit den kühn geschwungenen Augenbrauen, und lächelte ihn an.

Kim fuhr durch die feuchtkalte Luft nach Hause und fragte sich, ob sie Gewissensbisse haben sollte.

Ja, sie hatte ihn verarscht, aber war das schlimm?

Er war ihr schon das letzte Mal aufgefallen. So einen wie ihn, ha, sie wusste, nach einiger Zeit würde sie die Achtung vor ihm verlieren, weil er sie nie, aber auch gar nie durchschauen würde, aber trotzdem, es waren immer diese Typen Männer, die sie reizten. Wenn sie so einem in die Augen sah, bekam sie eine Ahnung von Tiefe, von unbedingtem Sich-Ausliefern, von Vertrauen und Hingabe, alles Dinge, zu denen sie weder fähig war noch fähig sein wollte. Aber sie als Geschenk dargebracht zu bekommen, das hatte was. Das berührte. Das rührte. Das war schön. (Einen Moment lang zumindest, bevor es langweilig wurde.)

Klar, dass solche Typen eher auf eine zart besaitete Elfe wie Svenja-Marie standen, und daher wunderte sie sich auch nicht, als er sie um deren Telefonnummer bat. Einen Moment lang hätte sie fast dem Flehen in seiner Stimme nachgegeben, dann jedoch fand sie wieder zu sich selbst und sagte: „Du verstehst, ich kann doch nicht einfach so die Telefonnummer meiner Freundin herausgeben", und gab ihm stattdessen Svenja-Maries E-Mail-Adresse, die sie, spontan, wie sie nun mal war, aus dem Stand erfunden hatte. Die lautete SvenjaM_2011 und sie hoffte sehr, dass die von gmx diese Adresse noch nicht anderweitig vergeben hatten. Zu Hause würde sie gleich heute Abend SvenjaM_2011 einrichten und dann gespannt darauf warten, was der King of Liebesschmerz so schrieb.

Kurz kam sie sich fies vor, aber das dauerte wirklich nur kurz, denn Svenja-Marie war sowieso in Paris, also verhinderte sie nicht wirklich eine Annäherung.

Aber vielleicht, vielleicht verblasste diese Liebe zwischen den beiden ja und dann würde sie mal sehen, was sich mit einem sensiblen, schüchternen, gut gebauten Studenten der Wirtschaftswissenschaften alles so anstellen ließ.

„Ich muss es tun, wahrscheinlich bringt es gar nichts, aber was könnte ich denn sonst tun?", sagte Johannes und fühlte sich erbärmlich. „Nebenher geht mein Studium den Bach runter. Interessiert mich sowieso nicht!", fügte er trotzig, aber auch verzweifelt hinzu.

Tatsächlich hätte er viel lieber Philosophie studiert und Literaturwissenschaft, vielleicht englische, denn er liebte Shakespeare, seine Stücke waren so voller Leben, seine Charaktere warfen sich mitten hinein ohne Angst vor den Folgen, ohne Zaudern und Zögern. Aber seine Eltern mit ihrer Firma hatten kein Verständnis. Er und die Schwester sollten später einmal alles übernehmen, und dann, wenn alles lief, dann könne er sich ja immer noch der Philosophie widmen. Als Hobby sozusagen, denn mehr gab so ein Fach ohnehin nicht her.

„Es spricht ja nichts gegen das Lesen eines guten Buches, selbst eines philosophischen – *nach* getaner Arbeit", sagte seine Mutter.

Da Johannes sich trotzdem nicht dreinfügen wollte in das Schicksal eines Unternehmersöhnchens, hatten seine Eltern Druck gemacht, erst sanft, dann mit mehr Kraft, hatten ihm die große Schwester auf den Hals gehetzt und die hatte „Hör auf zu träumen, Jojo" gesagt und liebevoll den Kopf geschüttelt. „Du weißt, die würden dich enterben, und wo wolltest du denn Arbeit finden mit Philosophie oder gar Literatur? Mit deiner Sensibilität bist du doch dem harten Arbeitsleben gar nicht gewachsen, vergiss es, Brüderchen. Wir beide sind so verwöhnt, da draußen in der Welt in einem fremden Unternehmen würden wir nie bestehen können."

Johannes ärgerte sich darüber, dass seine ganze Familie das Wort „Philosophie" aussprach, als handle es sich um eine unappetitliche Pilzerkrankung, aber er gab klein bei. So hatte er sich also mehr schlecht als recht durch sein Wirtschaftswissenschaftsstudium geschlagen, ohne Interesse, aber wenigstens hatte er bisher alles geschafft.

Nun aber, in diesem Sommer voller Sehnsucht und schlafloser Nächte, ging alles den Bach runter. Er müsste schon die Hälfte seiner Abschlussarbeit fertig haben und hatte weder irgendetwas recherchiert noch irgendein Wort zu Papier gebracht. So langsam wurde die Situation brenzlig und trotzdem war er nicht in der Lage, sich auch nur eine einzige kleine Sekunde lang auf etwas anderes als auf seine Träume von Svenja-Marie zu konzentrieren. Es war zum Verzweifeln.

„Ich mach dir einen Vorschlag", sagte Björn und zupfte nachdenklich an seinen blonden Haaren herum. „Ich schreib sie für dich."

„Du spinnst, das ist Betrug", sagte Johannes und war im gleichen Moment schon von der Idee infiziert.

„Weiß doch keiner", sagte Björn. „Und für 'nen Freund macht man das doch gern." Er hatte wieder dieses Gummigrinsen im Gesicht.

„Ich könnte in der Zeit natürlich nichts anderes tun und daher wäre eine kleine Bezahlung, sagen wir mal so 10.000, angemessen, finde ich, und so wäre dir und mir geholfen."

„Was?", sagte Johannes entgeistert. „Wie?"

„Das dürfte für jemanden wie dich doch kein Problem sein, verkauf' halt ein paar von den goldenen Löffeln, mit denen ihr daheim so speist", sagte Björn und sah ihm fest und dreist in die Augen.

Johannes dachte nach. Es war so verlockend. Er merkte, dass er sich schon auf die Idee eingelassen hatte, sie gab ihm Zeit und Raum, sich um das zu kümmern, was für ihn jetzt das Allerwichtigste war, und das war Svenja-Marie. Er dachte an seine Schwester. Sie würde ihm vielleicht helfen. Seine Eltern konnte er vergessen, aber die Schwester, ja, das könnte klappen. Sie arbeitete bereits in der elterlichen Firma, bekam ein regelmäßiges Gehalt und hatte sicher Zugang zu allerhand Konten. Er würde es natürlich zurückzahlen, Monat für Monat abstottern. Björn konnte frühestens in drei Monaten liefern, bis dahin würde sich eine Lösung finden. Er musste die Chance wahrnehmen, dieses Mal, da war er sicher, lohnte sich der Einsatz, Svenja-Marie war nicht irgendein Mädchen, keine dieser zynischen Studentinnen wie Kim zum Beispiel, nein, sie war anders. Es wurde ihm immer klarer: Sie war *die Eine.*

Und so stieg er zum ersten Mal in seinem Leben hinunter in die unappetitlichen Niederungen der Kriminalität und sagte: „Abgemacht!"

Kim stand auf und ging Richtung Badezimmer. Björn sah ihr hinterher. Sie hatte einen Prachtkörper, leicht gebräunt, durchtrainiert, mit muskulösem Arsch und wenn sie nackt war, bewegte sie sich mit lässiger Natürlichkeit.

Von Zeit zu Zeit, wenn sie sich über den Weg liefen, meist im Waldsee oder im Brasil, tranken sie gerne ein paar Gläser, quatschten ein bisschen hirnloses Zeug und landeten danach miteinander im Bett.

„Was ist eigentlich mit deiner süßen Freundin, der Französin?", fragte er.

Kim kam aus dem Bad. „Svenja-Marie? Die ist doch keine Französin, sie studiert Romanistik und verbringt nur die Sommermonate in Paris, oder besser verbrachte, denn sie kommt nächste Woche zurück. Wieso fragst du?"

„Weil mein Freund, Johannes, nur noch so vor sich hinsiecht wegen ihr. Mailt ihr ständig und kriegt keine Antwort. Fährt extra nach Paris, will sie treffen unterm Eiffelturm und kriegt wieder keine Antwort, steht alleine dort wie der perfekte Idiot und weiß jetzt nicht mehr weiter. Die Mademoiselle scheint ein bisschen zickig zu sein."

„Mein lieber Björn, die ist nicht zickig, die ist sensibel. Das ist für dich natürlich ein Fremdwort."

„Stimmt", sagte Björn und grinste breit, „aber für dich doch auch, oder?" Er lehnte sich vor, um ihr einen Klaps auf den Po zu geben, verfehlte sie aber, dank ihres schnellen Hüftschwungs.

Sie setzte sich zu ihm auf die Bettkante und sagte nachdenklich: „Ja, diese beiden sind echt aus einem anderen Material als wir", sie sah ihn an und zog spöttisch eine ihrer schwarzen Augenbrauen hoch, „die haben Tiefe!"

„Ach Quatsch, wenn da der richtige Verführer kommt oder die richtige Verführerin, dann ist es schnell vorbei mit Tiefe, da wette ich."

„Um wie viel?", sagte Kim, aber während er noch überlegte, fügte sie hinzu: „Nein, das geht nicht, ich kann nicht dagegen wetten, denn eigentlich glaub ich das auch, ich meine, dass selbst diese zwei verführbar sind."

„Dann lass uns die Wette abändern und gegeneinander antreten: Du versuchst es bei ihm und ich bei ihr, wer es als Erster schafft, hat gewonnen."

Sie hoben synchron den rechten Arm und klatschten mit den Handflächen aufeinander.

„Da darf man gespannt sein!", sagte Kim.

Dritter Akt

„Wenn du das verdammte Geld nicht beibringst", hatte Björn gesagt, „dann werde ich verdammt noch mal in aller Öffentlichkeit breittreten, dass die verdammte Arbeit, die du abgegeben hast, verdammt noch mal von mir stammt."

„Da..., dann ...", stotterte Johannes bedrückt, „bist du aber auch dran."

„Dadadadannn", äffte Björn ihn nach, „bin ich gar nix. Oder kennst du irgendein Gesetz, das es einem untersagt, irgendwelche Arbeiten zu schreiben? Es gibt aber sehr wohl ein Gesetz, das es einem untersagt, fremde Arbeiten zu klauen und als die eigenen auszugeben. Also?", sagte Björn und war kein bisschen mehr der gute hilfreiche Freund. „Ich leg noch einen drauf für den ganzen Ärger, den du mir grad machst: 20.000 und vergiss nicht die Devise."

„Die Devise?"

„Du sollst Björn niemals verarschen, *das* ist die Devise!", schloss Björn das Gespräch, stand auf und ließ ihn sitzen.

Und jetzt, eine Woche später, war Johannes unterwegs zum Waldsee. Dort, beim Bootshaus, wollte Björn auf ihn warten und das Geld in Empfang nehmen.

Es war ein wunderschöner Spätsommerabend, die Luft so lau. So hätte ein Abend sein sollen, an dem er Svenja-Marie traf, ein Abend, wie gemacht für Romanzen.

„Dies ist keine Nacht für Selbstmörder", sagte er laut vor sich hin, während er kraftlos in die Pedale trat. Er hatte am Vortag seine Schwester in Offenburg besucht, hatte gebettelt, gefleht und sie schließlich sogar beleidigt, aber sie hatte beteuert, sie habe so viel Geld definitiv nicht und überhaupt, er solle endlich erwachsen werden und seine Suppe selbst auslöffeln.

Sie war verheiratet und ihr Mann, ein stockkonservativer Typ mit Schnauzer, hatte ihm einmal erzählt, dass er für alle Fälle im Nachttisch eine Pistole habe, gegen Einbrecher, Ausländer, Asoziale.

Als seine Schwester auf der Toilette war, hatte sich Johannes in das Schlafzimmer geschlichen, das ganz in grau gebeizter Buche gehalten war, eine Nachttischschublade aufgezogen, sich über einen blöde grinsenden Dildo erschrocken, sie schnell wieder zugeschoben und schließlich auf der anderen Seite des Ehebettes gefunden, was er suchte. Er hatte die

Pistole vorsichtig mit Zeigefinger und Daumen aus der Schublade genommen und in seine Umhängetasche gleiten lassen.

Wo sie jetzt immer noch war.

Welche andere Chance hatte er denn! Wenn Björn ihn outete, würde er von der Uni fliegen, seine Eltern würden ihm die Tür für alle Zeiten vor der Nase zuknallen und überhaupt würde nichts in seinem Leben je klappen. So wie es mit Svenja-Marie nicht geklappt hatte. Nie zuvor war er so sicher gewesen, war so kraftvoll und entschieden wie ein Mann vorgegangen und doch hatte es nichts gebracht. Sie hatte alle seine Mails unbeantwortet gelassen, war nicht am Eiffelturm erschienen am entsprechenden Tag und auch nicht an den sechs darauffolgenden und er war völlig demoralisiert wieder zurückgekehrt.

Er würde heute Abend am Waldsee versuchen, Björn zu überreden. Ihn überzeugen, dass er das mit dem Geld wirklich versucht hatte, ihm anbieten, es über ein paar Jahre abzustottern und wenn Björn nicht nachgab, dann, tja, dann musste es halt sein. Was soll's, dachte er, wenn ein Leben immer nur so unglücklich weitergeht, dann ist es halt nichts für mich.

Sein Handy klingelte. Er hielt an, kramte es aus der Tiefe seiner Jackeninnentasche und las die SMS. Sie kam von Kim (woher hatte sie seine Handy-Nummer?): „Muss dich unbedingt treffen, bevor du dich mit Björn triffst. Ich warte auf der Terrasse am Waldsee."

Ein kleiner Hoffnungsschimmer tauchte in seinem Kopf auf und erlosch gleich wieder. Vielleicht überbrachte sie eine Nachricht? Nein, nicht nach 20 Mails, in denen er ehrlicher und offener gewesen war denn je, nicht nach diesem Reinfall in Paris.

„Komm, lass uns ein paar Schritte gehen“, sagte Kim, hakte sich bei Svenja-Marie unter und ging in Richtung des kleinen Inselchens, das sich auf der rechten Seite des Sees befand. Sie hatte am Tag zuvor getestet, ob man von da aus einen guten Blick auf die Terrasse hatte. Sie hatte alles bestens durchdacht.

Über den vielen wunderbaren, sehnsuchtsvollen Mails, die Johannes vermeintlich an Svenja-Marie und tatsächlich an Kim geschrieben hatte, war etwas passiert, was nicht geplant war. Anfangs hatte sie sich einen Spaß machen und in Svenja-Maries Namen irgendwelchen Quatsch zurückschreiben wollen, dann war ihr das aber zu gefährlich erschienen und so hatte sie einfach nur die Mails gelesen und sich mit jeder Mail ein bisschen mehr in ihn verliebt. Das und die Wette mit Björn ließen sie jetzt zur Höchstform auflaufen.

Svenja-Marie hatte von Paris aus immer einmal wieder von dieser ungewöhnlichen Begegnung, die ihr nicht aus dem Kopf ging, geschrieben, und nun war sie zurück und hatte ihr eröffnet: „Ich muss ihn kennenlernen, ich muss einfach, selbst wenn dann alles wie eine Seifenblase zerplatzen sollte, das ist immer noch besser, als das ganze Leben, das *wahre* Leben zu verpassen“, sagte sie und seufzte auf so unnachahmliche Weise, dass Kim beinahe schwach geworden wäre. Aber nur beinahe.

„Das Leben“, antwortete sie spöttisch.

„Ja, *das Leben*", sagte Svenja-Marie mit festem Trotz in der Stimme, „ich werde so lange abends am Waldsee auf ihn warten, bis ich ihn treffe!" Und fügte noch hinzu: „Irgendwann *muss* er ja wieder hierher kommen!"

Wenn also zwei Liebeskranke ständig am Waldsee herumhingen, hatte Kim messerscharf kombiniert, dann war die Chance recht hoch, dass sie sich irgendwann trafen und dann, da war sie sich sicher, würden ihr schlagartig die Felle nicht nur davonschwimmen, sondern gleich absaufen. Keine Romanze zwischen ihr und Johannes und keine gewonnene Wette. Es musste also gehandelt werden, schnell. Daher das Treffen mit Svenja-Marie, daher die SMS an Johannes.

Als die beiden über die kleine, von Insidern auch Seufzerbrücke genannte Brücke gegangen und in dem Pavillon auf der Insel angekommen waren, stellte Kim ihre Einkaufstasche – sie war vorher in der Stadt zum Einkaufen gewesen – auf die Bank und setzte sich neben Svenja-Marie.

„Es ist so romantisch hier", sagte Svenja-Marie und atmete tief ein, „es ist etwas ganz Besonderes in der Luft heute Abend, findest du nicht?" Ihr Gesicht war die pure Hoffnung.

Kim nickte ungeduldig und dann eröffnete sie ihr, dass Johannes sich mit Kim treffen wollte. Er hatte wohl ihre Handy-Nummer von Björn erfragt und wollte sie, das habe er extra dazu gesagt, alleine treffen. Und dass sie ihm auf den Zahn fühlen wolle, ob er interessiert war an Svenja-Marie und dann könne sie ihm ja Svenjas Handynummer geben.

Svenja-Marie sprang auf, wobei sie versehentlich Kims Tasche von der Bank schubste, und umarmte ihre Freundin. „Das würdest du für mich tun?", sagte sie und ihre Wangen waren von einer bezaubernden Röte überzogen.

„Für dich, mein Schatz, mach ich noch viel mehr!", sagte Kim und tätschelte ihren Rücken. „Jetzt aber setz dich hin und hab noch ein bisschen Geduld. Von hier aus, wenn du links an den Bäumen vorbei schaust, hast du einen guten Blick auf die Terrasse, die ist ja gut beleuchtet, ich werde mich mit ihm ganz außen links am Geländer, direkt am See, treffen, und du hast hier einen Logenplatz mit Traumblick auf das Geschehen. Je nachdem, wie das Gespräch läuft, klingelt dann in Kürze dein Handy. Na, ist das etwa nichts?"

Svenja-Marie strahlte und ihr Gesicht glühte vor Aufregung.

„Oh, es ist Zeit, ich muss!" Kim warf einen Blick auf die Uhr, „rühr dich nicht vom Fleck und Augen auf!", sagte sie und zeigte auf die Terrasse. Dann nahm sie schnell ihre Tasche und eilte davon.

Als Johannes sein Fahrrad abstellte, war die Terrasse des Waldseerestaurants gut gefüllt. Fast jeder Tisch war besetzt. Kein Wunder, der Abend war ein Traum. Wie gemacht für Verliebte, dachte er bitter. Aber eine kleine Hoffnung hatte er noch und das war Kim. Vielleicht wollte sie ihm ja eine Nachricht von Svenja-Marie überbringen. Vielleicht war sie wieder da und … Nein, er wollte sich nicht zu viel vorstellen, er hatte alles versucht.

In diesem Moment sah er Kim, sie stand vorne am Geländer mit dem Rücken zum See und winkte. Er ging schnell auf sie zu, sie sah immer noch so muskulös aus und der Schwung ihrer Augenbrauen war immer noch so kühn.

„Ich habe eine Überraschung für dich!", platzte sie gleich heraus, als er bei ihr ankam. „Svenja-Marie ist wieder da. Hier, ich hab ihre Handynummer für dich, für den Fall, dass du noch interessiert sein solltest", und hielt ihm einen Zettel hin.

Johannes stand jetzt direkt vor ihr. „Meinst du denn, das bringt was? Auf meine Mails hat sie nämlich nie geantwortet", sagte er und beobachtete aufmerksam ihr Gesicht.

„Ach was", sagte Kim, „ein Mal solltest du es wenigstens probieren", sah an ihm vorbei und sagte: „Oh Gott! Bitte dreh dich nicht um, auf keinen Fall umdrehen, hörst du?"

Und als er nickte, sagte sie: „Bitte, ich hab dir jetzt mit Svenja-Marie zweimal einen Gefallen getan, jetzt musst du mir einen tun."

Als er die Augenbrauen fragend hob, fuhr sie schnell fort: „Da hinten steht Sebastian, mein Ex, der mich einfach so hat fallen lassen und deshalb musst du jetzt, bitte, bitte, sag nicht nein, du musst mich jetzt umarmen und so tun, als küsstest du mich."

Als er rot wurde, fügte sie schnell hinzu: „Nur so tun, nur so tun, *bitte*!" Ihre Stimme war so flehend und er dachte, ja, sie hat mir schon zweimal geholfen, also muss ich wohl und er machte einen Schritt auf sie zu und legte einen Arm auf ihre Schulter.

„Auch den zweiten Arm", sagte sie und er tat es und sie schmiegte sich an ihn und ihr Mund war nur wenige Zentimeter von seinem entfernt. Ihr Atem roch nach Pfefferminze und noch nach etwas anderem und sie sagte: „Und jetzt einen Kuss, bitte, keine Angst, ganz ohne Zunge, der reinste Fake", und er gab sich einen Ruck, überwand seine Schüchternheit, dachte an Svenja-Marie und tat es und es fühlte sich wunderbar an, so wunderbar, dass er fast hätte heulen können, wäre es doch nur *sie* gewesen, das Luftwesen, und *ihre* zarten weichen Lippen, die er küsste.

Dann war es vorbei und sie schob ihn etwas brüsk von sich und sagte: „Danke, er ist weg, du hast mich gerettet!"

Er, immer noch etwas verwirrt, sah auf die Uhr, er musste los zu Björn. Er bedankte sich noch einmal für die Handynummer und machte sich auf den Weg, links am See entlang in Richtung Bootshaus, um Björn zu treffen. War er schon vor dem Kuss deprimiert gewesen, war er es jetzt noch mehr. Er dachte an Svenja-Maries Nummer und blieb, einem spontanen Impuls folgend, stehen. „Ich tu's!", sagte er, holte das Handy aus der Tasche, sah auf den Zettel, den er von Kim in die Hand gedrückt bekommen hatte, und tippte mit vor Aufregung zitternden Fingern die Nummer ein.

Und dann passierte das Wunder.

„Svenja?", sagte am anderen Ende ihre zauberhafte Stimme, die ein bisschen belegt zu sein schien.

„Hallo Svenja-Marie, ich bin's, Johannes", fing er an und wollte eine lange Rede beginnen über seine Mails und seine Gefühle, die so tief waren, und seine Absichten, die so ernst gemeint und ehrlich waren, und seine Enttäuschung in Paris und alle seine Hoffnungen, als er unterbrochen wurde. Zuerst kam ein Laut, als hätte ihr jemand in den Magen geschlagen, dann sagte sie mit immer noch belegter Stimme diese furchtbaren, furchtbaren Worte, die sich, das wusste er jetzt schon, einbrennen würden in sein Gedächtnis bis ans Ende seiner Tage: „Bitte ruf mich nicht noch einmal an. Nie mehr!" und drückte ihn weg.

Noch bevor er die Fassung wiedererlangt hatte, rief Björn, der irgendwo da vorne in der Dunkelheit zu sein schien, nach ihm. Johannes stolperte vorwärts und fühlte sich dabei wie blind und taub.

Zehn Minuten später hatte sich das Gespräch zwischen ihnen bereits festgefahren. Björn bestand unnachgiebig auf den 20.000 Euro, Johannes bat um Aufschub, Björn drohte, ihn zu outen, an der Uni, bei den Eltern, dem Rest der Welt zu sagen, dass dieses blutleere Reicheleutesöhnchen sich seinen Bachelor erkaufen wollte, darüber waren schon ganz andere Typen gestolpert, das war letztendlich immer ein Schuss nach hinten.

Und als das Stichwort „Schuss" fiel, erinnerte sich Johannes seines letzten Ausweges, zog die Pistole aus seiner Tasche und sagte voll hoffnungsloser Verzweiflung: „Dann mach ich eben Schluss!"

Der Satz war ein Schock. Für beide. Für Johannes wegen seiner Endgültigkeit, für Björn, weil das nicht das erhoffte Resultat war, und zwar so gar nicht, und so machte er einen schnellen Schritt auf Johannes zu und noch einen und ohne dass sie es wirklich wollten, befanden sie sich plötzlich in einem engen, kraftvollen Ringkampf, bei dem es einerseits um den Besitz der Waffe, andererseits um die angestaute Wut und um so vieles mehr ging und so folgten ein paar wilde Schläge, ein paar unkontrollierte Fausthiebe und ein unangenehmes Verdrehen eines Armes, als plötzlich ein Schuss fiel.

Björn sackte zu Boden und blieb reglos liegen.

„Nein!“, schrie Johannes. „Nein!“

In seinem Entsetzen über den Mord, der ihm anscheinend passiert war, und in seiner Verzweiflung über den grausamen Anruf bei Svenja-Marie, nahm er die Pistole, drehte sie um, hielt sie mit beiden Händen fest und setzte den Lauf frontal an die Stirn. Das war ein bisschen kompliziert, er würde mit dem Daumen statt mit dem Zeigefinger abdrücken müssen. Während er so da stand und wenigstens im Moment des Selbstmordes alles richtig machen wollte, bewegte er langsam und kontrolliert den Daumen am Abzug. Im selben Augenblick, als er ihn herunterdrückte, stand Björn plötzlich wieder auf und humpelte schnell und laut fluchend davon. Es war dieser kurze Moment, als er den Abzug drückte und gleichzeitig von Björns Wiederauferstehung erschreckt wurde, als er die Pistole schräg hielt und der Lauf daher rechts an seiner Stirn abrutschte und er so an seinem Gesicht vorbei nach hinten schoss.

Später würde Johannes sich oft fragen, wie es sein konnte, dass innerhalb so weniger Sekunden so viel geschah, während in anderen Zeiten Jahre verstrichen ohne nennenswerte Ereignisse.

In jenen ein bis zwei Sekunden am Waldsee, in einer lauen Sommernacht, entschied sich sein Schicksal gleich auf dreierlei Weisen: Die erste war, dass Björn sich erhob, was eigentlich nur bedeuten konnte, dass Johannes kein Mörder war. Die zweite war, dass er durch den Schreck daneben schoss, was bewirkte, dass auch er nicht tot, er demnach auch kein Selbstmörder war. Und die dritte war die wichtigste, die, die sein Leben für alle Zeiten verändern sollte. Direkt nach dem Schuss hörte er einen herzzerreißenden Schrei, der vom entgegengesetzten Ufer herüberschallte. Der Schrei war hoch, erstaunt und entsetzt zugleich, und voller Schmerz. Das alleine hätte sicher schon gereicht, um ihn sofort losrennen zu lassen, mit dem furchtbaren Verdacht im Kopf, dass seine irregeleitete Kugel jemanden getroffen hatte. Aber der Schrei war der einer Frau, einer jungen Frau, und während bei ihrem ersten Treffen plötzlich seine Augen zu Höchstformen aufliefen, so waren es jetzt seine Ohren und er wusste auf der Stelle und ohne jeden Zweifel, das war Svenja-Marie, und er rannte los, rannte um ihrer beider Leben.

Svenja-Marie spürt diese unglaubliche Kälte in der Brust. Sie breitet sich aus, erfasst ihren Bauch, die ganzen Eingeweide. Ihr ist so kalt!

Sie liegt auf dem Rücken und sieht die Sterne. Sie fragt sich, ob es außer ihr noch irgendjemanden gibt auf dieser kalten, einsamen Welt.

Plötzlich hört sie Schritte auf dem kleinen Weg, dann im Moos neben sich und dann erscheint ein Kopf über ihr, es ist Johannes.

„Svenja-Marie“, sagt er und sein Atem keucht, er scheint gerannt zu sein.

Sie sieht ihm in seine großen, ernsten Augen, die ganz feucht sind.

„Mir ist kalt“, sagt sie, „da waren Schüsse!“

„Oh Gott, das war ich, ich war so unglücklich!“, stammelt er. Er setzt sich neben sie ans Ufer und nimmt behutsam ihren Kopf in seinen Schoß. Ihre silbrigen Haare leuchten im Mondlicht.

Nach einer kleinen, ruhigen Weile deutet er auf eine Erhebung unter ihrer Jacke. „Was ist das denn?“, fragt er.

Sie fand es, nachdem Kim weggegangen war. Es muss wohl aus ihrer Einkaufstasche gefallen und unter die Bank im Pavillon gerollt sein. Bei genauerem Besehen war es ein tiefgefrorenes Hähnchen, leicht angetaut, aber immer noch hart und eiskalt, und, vielleicht weil es ein französisches war oder weil es aussah wie ein liebenswertes kleines Wesen, das fror, hatte sie es, einem spontanen Gefühl folgend, beschützend unter ihre Jacke genommen.

Und nachdem sie drüben auf der Terrasse Kim und Johannes in einer Umarmung zusammen gesehen hatte, war sie in eine so traurige Stimmung verfallen, dass sie ihrem Leben am liebsten ein Ende gesetzt hätte. Sie verließ den Pavillon, dessen romantische Ausstrahlung ihr nun unerträglich schien, und ging über die Seufzerbrücke, auf der sie, fast ohne dass es ihr bewusst wurde, mehrmals seufzte. Direkt dahinter gab es eine von Bäumen freie Stelle, die mit Moos bewachsen war und einen direkten Zugang zum See bot. Sie ging bis vorne ans Ufer und sah mutlos ins schwarze Wasser. Drückte das tiefgefrorene kleine Wesen an ihre Brust. Ach, wenn sie doch nur Nichtschwimmerin wäre! Ein kleiner Sprung, ein paar kurze Minuten Kampf gegen das Wasser, dann würden sie beide eintauchen, eine tröstende kühle Decke würde sich über ihnen schließen und alles wäre endlich vorbei. Ein Leben, das war ihr diesen Sommer klar geworden, dauerte eigentlich viel zu lange.

Als sie da stand und ihrem kalten kleinen Poulet ein paar liebevolle Worte zuflüsterte, während die Tränen ungehemmt über ihre Wangen liefen, hörte sie plötzlich diesen furchtbaren Knall, dann noch einen und fühlte im selben Moment einen kräftigen Stoß, der sie rücklings zu Boden warf. Dann war es Nacht um sie und als sie die Augen wieder öffnete, sah sie die Sterne. Und dann Johannes.

„Mir ist kalt", sagte sie noch einmal und Johannes öffnete langsam und vorsichtig ihre Jacke, zog den Reißverschluss herunter, voller Bangen, welcher Anblick sich ihm da bieten würde.

Und da war es, das klaffende, todbringende Loch, vom Kaliber seiner Waffe gerissen, es sah ihn an wie ein böses Auge, schwarz umrandet.

„Was …", sagte er und sie erklärte es ihm, nahm es vorsichtig heraus und er sah sorgsam darunter nach, aber nein, in ihrer eigenen Brust war nichts, kein Loch, nicht einmal ein Kratzer, sie war vollkommen unversehrt, es hatte nur das Hähnchen getroffen, das, noch halb gefroren, offensichtlich wie ein Schutzschild gewirkt hatte.

Johannes legte sich erleichtert neben Svenja-Marie auf den Boden. Sie lagen eine kleine Weile einfach nur so da und sahen zum Himmel.

„Meinst du, die Sterne leiden auch so wie wir?“, fragte sie mit immer noch schwacher Stimme.

Johannes sah sie lange an. Als sich eine kleine Träne aus ihrem Augenwinkel den Weg zur Schläfe bahnte, küsste er sie behutsam weg und sagte: „Ja, aber die Sterne haben niemanden, keine Freunde und keine Hähnchen, tiefgefrorene.“

Und es schien, als habe er endlich einmal die richtigen Worte gefunden.

Am Meer

Seit ein paar Tagen geht Sandra immer am späten Nachmittag hinauf zur Bank auf dem Berg. Manchmal weht der Wind ihre Stimmen zu mir herunter und ich höre sie miteinander reden und lachen. Wenn sie dann zurückkommt, hat sie rote Wangen und ihre Augen leuchten wie früher. Und es ist, als hätte jemand die Zeit zurückgedreht und die letzten drei Jahre ausgelöscht.

Als wir noch eine Familie waren, keine glückliche, aber immerhin eine Familie, kamen wir jeden Sommer hierher. Mein Vater hatte in Mannheim eine kleine Firma, in der er Schilder herstellte, Türschilder, Firmenschilder, Werbeschilder, und solange ich denken kann, lief sie schlecht. Wir hatten nie das Geld für Urlaub und so war *Little Toskana* ein Riesenglück für uns Städter. Meine Mutter hatte es geerbt, ein kleines Grundstück im oberen Teil eines Weinbergs im Kaiserstuhl bei Ihringen, von ihrem Onkel, der hatte es angeblich beim Zocken von einem Winzer gewonnen. Sie hatte den Onkel nicht gekannt, man erzählte sich, er sei ein ziemlicher Sonderling gewesen.

Ich weiß noch genau, wie wir es zum ersten Mal besichtigten. Meine Mutter, meine kleine Schwester Sandra und ich, ihr großer Bruder.

„Tommie!", schrie Sandra, sie war schon vorausgestürmt und zeigte auf eine Schildkröte im Garten, die an einem grünen Blatt zupfte, wohl eine ehemalige Gefährtin des Onkels. Es war ein heißer Tag, die Sonne schien den Boden zwischen den Reben festgebacken zu haben, Grillen zirpten und es lag eine Art Flirren in der Luft.

Das Grundstück war kein Bauland, der Onkel durfte nur ein Wochenendhäuschen drauf bauen. Das Häuschen hatte zwei angenehm große Zimmer, es gab ein Plumpsklo, vor dem Sandra am Anfang noch Angst hatte, eine Zisterne, die blubberte, wenn man den Hahn aufdrehte, und eine Terrasse mit tollem Blick ins Tal. Im Garten wuchs ein Mandelbaum und außerdem stand dort ein einzelner Weinstock. Wir lachten über den Weinstock, denn es schien uns absurd, inmitten von Tausenden von Weinreben einen einzelnen hier im Garten zu pflanzen. Aber im ersten Herbst erkannten wir, dass der Onkel wohl ein Rebell gewesen sein musste, denn während am ganzen Weinberg Spätburgunder angebaut wurde, trug der Stock im Garten weiße Trauben und der Winzer, dem der Berg gehörte, erklärte uns schmunzelnd, es sei Silvaner. Am Eingangstor dieses kleinen Paradieses, das umgeben war von nichts als Terrassen mit grünen Weinreben, stand auf einem Brett mit dunkelroter Farbe *Little Toskana* in den krakeligen Schriftzügen des Onkels.

Bei unserer aufgeregten Entdeckungstour blieb meine Mutter die ganze Zeit stumm und ein bisschen blass, während wir Kinder jeden Winkel erkundeten. Schließlich setzten wir uns auf ein paar klapprige Stühle auf die Terrasse und sahen Richtung Westen zur Rheinebene. Das Licht war an dem Tag ganz diesig und in der Ferne verschwammen die Konturen zu einem Meer von leuchtendem Blau.

„Seht ihr da hinten das Meer?", sagte meine Mutter mit einer großspurigen Bewegung ihres Armes und sah gelöst aus und glücklich. Nach einiger Zeit fügte sie mit einem trotzigen Ausdruck um den Mund hinzu: „Das wird nicht verkauft, das wird unser Urlaubsort für den Sommer. Schließlich ist es *mein* Erbe!"

Und während Sandra hopsend und jubelnd im Garten im Kreis lief und dabei die Arme wie ein Flieger ausbreitete, hatte ich Angst vor zuhause, vor der Auseinandersetzung und allem und wie so oft wünschte ich mir, ich wäre stärker.

Seltsamerweise erinnere ich mich nicht mehr daran, was passierte, als sie es meinem Vater eröffnete. Er hatte immer zu uns gesagt: „Ihr braucht nicht in Urlaub zu fahren, ihr schafft nichts!", und außerdem hatte er mit dem Geld von dem Verkauf von *Little Toskana* schon gerechnet, auch wenn das Grundstück nicht sehr viel wert war.

Ich bin mir sicher, es hatte viel Geschrei gegeben und Schlimmeres, aber vieles ist in meiner Erinnerung wie ausgelöscht.

Die Sommer waren toll. Sandra und ich legten zusammen und kauften eine Hängematte, in der wir abwechselnd alleine und zu zweit oder mit Rosalie, der Schildkröte, lagen. Wir suchten nach den schillerndgrünen Smaragdeidechsen, die sich auf den Trockensteinmauern sonnten, sammelten besonders schöne Vulkansteine, die es in allen Farben von weiß über orangerot bis schwarz gab, oder wir gruben nach Amphoren, denn hier hatten früher einmal die Römer gesiedelt, und Sandra stellte alle möglichen alten Scherben im Garten aus, ging gemeinsam mit Rosalie oder einer ihrer Puppen die Reihe ab und prahlte von den archäologischen Abenteuern, die wir bestehen mussten, um an diese wertvollen Funde zu kommen.

Meine Mutter lag gerne im Liegestuhl, las herzzerreißende Romane und je nachdem, an welcher Stelle sie gerade war, weinte sie oder lächelte glücklich.

Mein Vater brachte uns immer zu Beginn unserer Sommerferien hin, hielt sich aber nur ein oder zwei Tage dort auf. Schon nach kurzem ging ihm alles auf die Nerven, die Ruhe, die Hitze, das Gezirpe, er verteilte Ohrfeigen und schrie meine Mutter an, bis er schließlich fluchend abfuhr.

Dann begann unsere Freiheit.

An einem dieser Tage zu Ferienbeginn, als mein Vater noch da war, es war unser viertes Jahr in *Little Toskana,* Sandra war bereits zwölf und ich gerade vierzehn geworden, hörte ich eines Nachts ein Geräusch draußen im Garten. Der Weinberg war nachts immer totenstill, daher war ich sofort hellwach. Ich setzte mich im Bett auf und versuchte, mit den Ohren die Dunkelheit zu durchdringen. Ich hörte nichts außer dem tiefen Atem Sandras, die im Bett an der Wand rechts von mir lag. Aber ich war mir sicher, dass es ein Geräusch war, das mich aufgeweckt hatte, daher stand ich leise auf und schlich mich ans Fenster. Ich schaute vorsichtig hinaus. Es war nichts zu sehen. Da war es wieder: ein lautes Scharren! Es kam von der Seite des Hauses. Ich öffnete leise die Tür zum Wohnzimmer, in dem meine

Eltern schliefen, und wollte meine Mutter wecken. Sie schlief tief, aber der Platz neben ihr war leer.

Ich ging auf Zehenspitzen am Bett vorbei zum Fenster, von dem aus man auf die Seite des Hauses sah, und blickte hinaus. Da sah ich ihn. Er stand neben dem Rebstock und grub mit der Schaufel ein Loch. Er prüfte mehrmals, ob es tief genug war, indem er ein Bündel zur Probe hineinlegte, und grub noch eine Weile weiter, bis es passte. Er drückte das Bündel, es war ein dunkler Packen, etwa so groß wie die Handtasche meiner Mutter, hinein und schaufelte das Loch wieder zu. Danach gab er sich viel Mühe, die vorher abgestochene Grasnarbe wieder so draufzulegen, dass man nichts sah. Als er fertig war, richtete er sich auf und ich machte, dass ich zurück ins Schlafzimmer kam. Ich legte mich schnell ins Bett und während ich Sandras wie immer leicht röchelndem Schlafatem zuhörte, nahm ich mir vor, bald nachzusehen, was er da vergraben hatte.

Es war der letzte Sommer, in dem wir wenigstens annähernd glücklich waren, der letzte, in dem Sandra lächelte und oft sogar ausgelassen lachte.

Mein Vater fuhr wieder nach Hause nach Mannheim, wo er gerade dabei war, bankrott zu gehen, wovon wir aber in unserem kleinen Toskana-Paradies nichts wussten. Sandra spielte nicht mehr mit ihren Puppen, sondern las irgendwelche unsinnigen Bücher, die sie ebenso weinen und seufzen ließen wie die, die meine Mutter las. Meine Mutter war in diesem Sommer wunderschön. Sie hatte ihre lockigen Haare meist hochgesteckt und in ihren luftigen Sommerkleidern sah sie aus wie ein junges Mädchen. Sie war von Beruf Floristin und es umgab sie immer ein zarter Blumenduft, egal wo sie war, ob sie gerade von der Arbeit kam, in der Küche stand oder mit uns im Weinberg war, manchmal war er stärker, manchmal nur schwach, aber er war immer da, dieser Duft nach Blumen.

Hin und wieder ging sie hinunter ins Dorf und kaufte ein paar Pflanzen und Utensilien im kleinen Blumenladen und danach verbrachte sie Tage damit, neue floristische Kreationen zu erfinden. Sie war dann ganz in sich versunken und summte froh vor sich hin. Ich möchte meine Mutter immer so im Gedächtnis behalten. Es entstand dann zum Beispiel ein Gesteck, das hieß *Mildes Lächeln* mit vielen Wicken, oder ein anderes, das sie *Heiterer Sommertag* nannte, und wieder ein anderes, ein Kranz mit viel Lorbeer und einer stolzen Rose, es hieß *Kleiner Triumph*. Wir mussten über den *Kleinen Triumph* viel lachen, denn Sandra setzte sich den Kranz aufs Haupt und stolzierte damit im Stechschritt durch den Garten.

Abends, wenn die Sonne schräg am Himmel stand, gingen die beiden hinter dem Grundstück einen kleinen Pfad hinauf, der bis zur Kuppe des Weinberges führte. Oben stand eine Bank. Sandra und meine Mutter saßen da, genossen den Ausblick „aufs Meer" und die leichte Brise, die nun wehte und für ein bisschen Abkühlung sorgte. Ich hörte sie reden und lachen, wahrscheinlich erzählten sie sich Episoden aus ihren Liebesromanen.

Ich sparte mir den Schatz meines Vaters wie eine besondere Süßigkeit auf bis zuletzt und vergnügte mich damit, jede Nacht vor dem Einschlafen zu spekulieren, was wohl in dem Bündel war. Und zog den Genuss so in die Länge.

Aber in jenem Sommer kam ich nicht mehr dazu, das Geheimnis zu lüften. An einem Nachmittag kämpfte ich mich nach dem Einkaufen im Dorf mit dem Rucksack auf dem Rücken zwischen den Reben hinauf, als ich schon von weitem sein Geschrei hörte. Er war eine Woche zu früh und die Lautstärke seines Gebrülls verhieß nichts Gutes.

Er war gekommen, weil seine Firma endgültig bankrott war, aus und vorbei, dicht gemacht und Schluss. Und da konnte er wohl den Gedanken nicht ertragen, dass seine nichtsnutzige Familie das Leben im Weinberg genoss. Er roch nach Schnaps und hatte diesen glasigen Blick, mit dem er immer knapp an einem vorbeisah.

Er holte uns heim und es begannen Wochen mit Geschrei, Ausrasten und Schlägen. Meine Mutter konnte öfter nicht zur Arbeit gehen, weil sie schlimm aussah im Gesicht. Wenn ich an diese Wochen denke, kann ich mich an keinen einzelnen Streit erinnern, es ist mehr diese unglaubliche Spannung, an die ich mich erinnere, dieses Gefühl zu explodieren. Ich saß in der Schule äußerlich ruhig auf dem Stuhl und fühlte es tief drin, im Bauch und in der Brust, wie sich etwas ausbreitete, und ich dachte, es zerreißt mich, gleich zerreißt es mich!

Dann kam jene Nacht, in der er meine Mutter und mich beim Lachen erwischte. Ich hatte nicht schlafen können wie so oft, war ins Wohnzimmer gegangen und hatte mich neben sie vor den Fernseher gesetzt. Ich weiß nicht einmal mehr, was lief. Ich weiß nicht einmal mehr, worüber wir lachten. Irgendetwas Harmloses!

Jedenfalls stand er plötzlich in der Tür. Er war aus der Kneipe zurückgekehrt und wir hatten ihn nicht gehört. Er brüllte uns an: „So, was gibt's denn zu lachen, was gibt's denn da sich lustig zu machen!" und stolperte direkt auf mich zu. Ich stand auf, wollte ihn zurückdrängen, aber er gab mir einen kräftigen Stoß, der mich zurück aufs Sofa warf. Meine Mutter sprang auf und schrie: „Dieter!" und er drehte sich mit irrem Blick zu ihr um und obwohl er im betrunkenen Zustand alles andere als gut koordiniert war, schaffte er es, mit einem weit ausholenden Schlenkern seines rechten Armes den kiloschweren Aschenbecher zu fassen zu kriegen, den aus rotem Muranoglas, den meine Mutter von einer Kollegin geschenkt bekommen hatte, und den sie so schön fand.

Seit jenem Abend trainierte ich täglich. Nicht dass ich ihr damit noch irgendwie hätte helfen können, aber ich wusste, es würde mir helfen und Sandra. Und nein, wenn ich es recht bedenke, war ich überzeugt, dass es auch ihr helfen würde, meiner Mutter, wo auch immer sie jetzt war.

Als es geschah, war ich nicht stark genug, aber ich war mir sicher, ganz sicher, der Tag würde kommen und dieses Mal würde ich stark genug sein.

Seit es passiert war, hatte ich Sandra nicht mehr lächeln sehen. Wir machten weiter, aber es war, als wären die Düfte, die Musik, die Farbe aus unserem Leben verschwunden. Es fühlte sich alles stumpf an. Stumpf und taub.

Wir kamen zu Pflegeeltern, Renate und Bernd, wir hatten Glück, wer nimmt schon gerne Halbwüchsige und dann auch gleich zwei. Sie waren nett und hatten viel Verständnis und sie ließen uns jeden Sommer unseren Urlaub in *Little Toskana* verbringen. Es schien uns beiden, ohne dass wir darüber sprachen, das einzig Richtige zu sein.

Gleich im ersten Sommer grub ich unter dem Rebstock und förderte das Bündel zutage. Es war richtig viel Geld, mehrmals in Plastikfolie eingewickelt. Meinem Vater war es also gelungen, vor seinem Bankrott noch so einiges zur Seite zu schaffen.

Ich sprach mit Sandra darüber, sie war schon erwachsen genug, und wir beschlossen, es zu behalten und an einer anderen Stelle auf dem Grundstück wieder einzugraben. Natürlich wussten wir beide, was das bedeutete, welcher Gefahr wir uns damit aussetzten. Mein Vater war sofort abgehauen, er wurde gesucht, war aber spurlos verschwunden. Wir wussten beide, dass das Bündel ein Grund für ihn sein würde, hier aufzutauchen.

Ich wartete und trainierte. In der Nähe unserer neuen Wohnung bei Renate und Bernd gab es ein kleines Fitnessstudio und ich ging jeden Tag hin. Drei Jahre lang.

Und schließlich kam der Sommer, als ich gleich bei der Ankunft sah, dass jemand am Fuße des Weinstocks gegraben hatte. Sandra, die gerade mit zwei Taschen beladen, vom Aufstieg keuchend neben mir her ging, blieb stehen und stocherte kurz mit der Schuhspitze in der frisch aufgeworfenen Erde. Dann ging sie wortlos ins Haus. Ich blieb stehen und besah mir die Stelle genauer. Dieses Mal hatte er sich nicht die Mühe gemacht, die Grasnarbe erst auszustechen und hinterher wieder fein säuberlich drüberzulegen. Ich folgte Sandra ins Haus. Sie war im hinteren Zimmer, das nun ihres war, ich schlief immer im Wohnzimmer.

Sie lud gerade ihre Taschen ab.

„Du solltest nicht bleiben", sagte ich zu ihr.

Sie kaute auf ihrer Unterlippe, wie immer, wenn sie nachdachte, dann sagte sie: „Aber wollten wir nicht unsere Sommerferien hier verbringen?", und sah mir mit festem Blick in die Augen.

Die Tage waren wie geschmolzenes Blei.

Ich hatte eine Spitzhacke innen neben die Haustür gestellt. Für alle Fälle.

Sandra hatte viel Stoff zum Lernen für die Schule dabei, aber meist saß sie versonnen am Tisch auf unserer Terrasse und sah hinunter ins Tal. Manchmal dachte ich daran, wie meine Mutter gesagt hatte: „Ist er nicht herrlich, der Blick? Man sieht bis zum Meer!"

Als er schließlich kam, war es eine mondhelle Nacht. Warum er sich ausgerechnet eine dermaßen helle Nacht ausgesucht hat, weiß ich nicht. Er wird das Geld wirklich gebraucht haben.

Ich wachte auf von seinen leisen Schritten draußen.

Ich schlich mich wie damals auf Zehenspitzen ans Fenster. Er stand schräg gegenüber beim Mandelbaum und sah zum Haus. Er stand da wie erstarrt und schien zu überlegen.

Ich spürte plötzlich eine große Ruhe in mir.

Draußen regte sich nichts, kein noch so kleines Lüftchen ließ die Blätter des Mandelbaums rascheln, kein Tier schien unterwegs zu sein. Der gleißende Mondschein, der im Garten lange Schatten warf. Und diese unglaubliche Ruhe. Es war ein vollkommener Augenblick.

Ob er sich in diesem Moment einen Plan zurechtlegte? Ob er schon mit einem Plan gekommen war und jetzt nur noch zögerte, ein letztes Innehalten, bevor er zuschlug?

Ob er nur vorhatte, mich mit vorgehaltener Pistole zu zwingen, das Versteck preiszugeben, oder ob er uns erschießen wollte?

Denn eine Pistole hatte er dabei.

Aber sie war nicht nötig, kein Abzug musste gedrückt werden, keine Kugel musste irgendeinen Körper durchschlagen.

Wir bewegten uns synchron auf die Tür zu. Er draußen, ich drinnen.

Drei Jahre Training und die Spitzhacke und kaum war er eingetreten, sank er mit einem kleinen Seufzer zu Boden.

Am nächsten Tag ging ich früh hinunter ins Dorf und kaufte Blumendraht und Lorbeer und eine stolze Rose. Und obwohl es heiß war, heißer als sonst, schien ein kleines Lüftchen zu wehen, während ich mehr schlecht als recht unter Sandras stummen Blicken den *Kleinen Triumph* meiner Mutter nachbaute und das Gebilde schließlich zu Füßen des Weinstocks niederlegte, wo jetzt gerade ziemlich viel frisch aufgeworfene Erde war. (Nicht lange, denn ich hatte schon Rasen gesät).

Seit der Kranz da liegt, ist das Lächeln in Sandras Wesen zurückgekehrt.

Und immer nachmittags, wenn die Sonne schräg steht und ein kleines Lüftchen ein bisschen Abkühlung bringt, geht sie den schmalen Pfad hinter dem Haus hinauf auf den Berg. Oben sitzt sie dann auf der Bank und manchmal wehen Stimmen und Lachen zu mir herunter. Wenn sie zurückkommt, ist sie ganz gelöst, ihre Augen strahlen wie früher und ein zarter Duft nach Blumen begleitet sie.

Irritationen im Paradies

An welchem anderen Ort in Deutschland, fragte sie sich, wurde einer der populärsten Drogenumschlagplätze der Stadt so liebevoll bepflanzt, gepflegt und begossen! Sie saß nach der Arbeit immer gerne hier im Freiburger Colombipark. Vorne in der Rabatte blühten fast das ganze Jahr über immer neue Blumen, die Rhododendren verwandelten den Park im späten Frühjahr in ein Farbenmeer und die Reben gaben dem Ganzen einen ländlichen Anstrich. Es war das reinste Paradies! Wenn auch in den letzten Tagen einige Aufregung in die sonnigen Nachmittage gekommen war. Da war zum Beispiel ein Mann aufgetaucht, mit nettem Lächeln, der sich seither in ihrem Kopf breit machte. Und dann hatte es auch Fortschritte gegeben in dem Krieg, den die kleine Gruppe von Schnorrern, die immer linker Hand von ihr saß, mit dem Gärtner führte. Der hatte sich nämlich ausgesprochen unsympathisch verhalten und behauptet, Pits Hund scheiße den ganzen Park zu (er war beim Rasenmähen in einen großen saftigen Haufen getreten). Pit war der großmäulige Anführer der kleinen Gruppe und nachtragend. Der Kleinlaster des Gärtners, auf dessen Ladefläche die ganzen Gerätschaften wie Schaufeln, Rechen, Rasenmäher etc. herangeschafft wurden, hatte noch am selben Abend einen platten Reifen. Was in der Gruppe ausführlichst begossen wurde.

Am Tag darauf allerdings, es war der Tag, als der nette Mann wieder auf der Bank zu ihrer Rechten saß und wieder so freundlich und ein bisschen schüchtern lächelte, war die Gruppe auf hundertachtzig. Anscheinend hatte der Gärtner am frühen Morgen, wenn anständige Leute sich noch im Tiefschlaf befanden, den Rasensprenger so hingestellt, dass man sich kurz darauf triefnass aus dem Schlafsack schälen musste. Rache lag in der Luft.

Dann kam das Wochenende, an dem sie sich schon auf den Montag freute, weil sie dann nach der Arbeit wieder in den Park gehen konnte. Sie hoffte, dass der Mann wieder da sein würde. Er war ein bisschen untersetzt, hatte schütteres Haar und eine Knollennase, andere würden ihn vielleicht hässlich nennen, aber ihr machte das nichts, es war seine Art, dieses unaufdringliche Lächeln, das sie anzog. Sie hatte schon lange niemanden mehr an sich herankommen lassen, aber dieser Fremde von der Bank nebenan summte ihr das ganze Wochenende im Kopf herum. Deshalb hörte sie am Montag ein bisschen früher mit der Arbeit auf, ging unterwegs noch in ein Geschäft ganz in der Nähe, in dem es Kleider in ihrer Größe gab. Und fand auch tatsächlich ein hübsches T-Shirt und eine Hose und fühlte sich fast hübsch, behielt die neuen Kleider gleich an.

Im Park war die Hölle los. Pit saß auf der Bank, die drei anderen saßen vor ihm auf dem Boden, jede Menge Bierdosen und eine Flasche Schnaps vor sich, und hörten ihm andächtig zu.

Sie setzte sich auf die Bank neben ihnen und in der Zeit, in der sie saß und wartete, hörte sie drei verschiedene Versionen seines Wochenend-Abenteuers, während er sich ständig umsah und laut „Assi!" rief. Assi war sein Hund, eine wild aussehende Mischung zwischen Husky und Schäferhund, mit einem blauen und einem braunen Auge, was ihm einen irritierenden, gefährlich wirkenden Blick verlieh. Er stöberte wohl gerade auf der anderen Seite des Parks herum, während Pit sein Abenteuer unter lautem Beifall und Gejohle der anderen zum Besten gab.

Er hatte in einem unbeobachteten Moment in den Pickup des Gärtners, er stand immer unten am Straßenrand neben dem Park, geschaut. Als er sah, dass der Schlüssel steckte, flog ihn der spontane Wunsch an, seine alte Tante in Hinterzarten zu besuchen. „So ein Wochenende im Schwarzwald, das braucht jeder mal, oder?", sagte er, die anderen grölten und wieherten und auch sie lächelte amüsiert.

„So 'ne Auszeit, det würde mir auch jefalln!", sagte Tina, sie war offenbar Berlinerin und konnte das Gesicht vor lauter Piercings kaum bewegen.

Leider war die Tante nicht da gewesen, deshalb stellte Pit das Auto im Dorf ab, ging in einen Laden, kaufte Schnaps und klaute Würstchen und machte sich gemeinsam mit Assi, der hinten auf der Ladefläche mitgefahren war, auf, um zum Mathisleweiher zu wandern. Er war in seiner Kindheit oft da oben gewesen und so wurde er, als er ankam, ganz sentimental. Er verbrachte dann die Nacht im Freien, mit Lagerfeuer, Würstchen, Schnaps, „das volle Freizeitprogramm", sagte er und Tina krähte begeistert los.

„Aber eins sag ich euch: die Sterne da oben, also kein Vergleich mit hier, kein Vergleich!"

Tina sagte: „Yeah, wir alle brauchen ebent öfter ma 'ne Auszeit im Schwarzwald" und gackerte schräg.

Anscheinend war der Hund, Assi, dann aber am nächsten Morgen verschwunden gewesen, spurlos. Pit hatte ihn stundenlang im Wald gesucht, war dreimal um den kleinen See herumgegangen, hatte verzweifelt nach ihm gerufen und war schließlich ganz ratlos und deprimiert ins Dorf zurückgekehrt. Und wer saß da zufrieden auf der Ladefläche des Pickups? Assi! Hatte etwas zwischen den Pfoten, wahrscheinlich eine frisch gefangene Ratte oder so, und knurrte ihn an, damit er sie ihm nicht wegnahm.

„Det war keene Ratte, Mann, det war 'ne Hand!", sagte Tina mit ihrer kratzigen Janis-Joplin-Stimme. „Ick hab det jenau jesehn, jestern, als ick jepullert habe, der hat da jebuddelt und daneben lag 'ne Hand, den Zeigefinger zu den Büschen hin ausgestreckt. Gruselig! Und als er mich jesehn hat, nimmt er die ins Maul und weg isser."

„Bisschen weniger einwerfen, Tina", sagte Pit kopfschüttelnd und sah sich nach dem Hund um. „Wo ist der jetzt schon wieder? Assi!" Die anderen sahen sich um, aber kein Hund weit und breit. „Na jedenfalls", fuhr Pit fort, „das Beste war, als ich in den Pickup stieg, oben in Hinterzarten, seh ich, dass da ein Knöllchen hinter der Windschutzscheibe steckt, hab ich in Sicherheitsverwahrung genommen und hier nach dem Parken wieder schön sauber unter den Scheibenwischer geklemmt, so hat der liebe Herr Gärtner auch was von meinem Ausflug."

Sie hörte den Ausführungen Pits mit großem Vergnügen zu. Sie war heute in bester Stimmung, fast schon beschwingt. Sie sah auf die Uhr, jetzt müsste er eigentlich kommen, er tauchte immer um die gleiche Uhrzeit hier auf.

Und tatsächlich kam er gerade den kleinen Weg herauf zu den Bänken und vielleicht spürte er, dass sie ihn gerne kennenlernen wollte, vielleicht fühlte er sich auch von ihren hübschen neuen Kleidern angezogen, jedenfalls setzte er sich nicht auf die Bank neben sie, sondern kam zu ihr und fragte, ob es sie wohl stören würde, wenn er hier Platz nähme.

Sie war sich in diesem Moment, seit langem zum ersten Mal wieder, ihrer schönen braunen Augen und ihrer zarten Haut, um die viele ihrer Freundinnen sie beneideten, bewusst. Und so wurde die darauffolgende Unterhaltung, die hin und wieder von den lauten, immer besorgter werdenden Rufen nach Assi unterbrochen wurden, eine angenehme Unterhaltung, vorsichtig, abtastend und gleichzeitig anregend. Sie sprachen über seinen Lieblingsfilm und dann über ihr Lieblingsbuch und über dies und das und tauten beide immer mehr auf. Vergaßen die Zeit, vergaßen die Gruppe der Schnorrer, sahen sich aber hin und wieder pflichtschuldigst nach dem verloren gegangenen Hund um.

So hätte es noch lange weitergehen können. Sie hätten vielleicht einfach sitzen bleiben und reden können bis Mitternacht. Sich an den darauffolgenden Tagen beide mit Herzklopfen im Colombipark einfinden und eines Tages ein Date außerhalb des Parkes wagen. Sie hätte ihm die Knollennase und die schütteren Haare nicht nur nicht angekreidet, nein, sie hätte sie schön gefunden. Man hätte sich gegenseitig sein Leben gestehen können, vielleicht eines Tages, wenn man erst genug Vertrauen gefasst hätte, sogar die Empfindlichkeiten, die so tief und sicher verwahrt waren. Es hätte ein gemeinsames Leben draus werden können mit Höhen, mit Tiefen, mit Zueinander-Stehen, mit Sich-Begleiten.

Das alles sah sie in den kurzen, von Verlegenheit durchwirkten Redepausen in Gedanken schon vor sich, als er dem Gespräch ganz unvermittelt eine Wendung gab, sich vorher räusperte, einmal, zweimal, und dann sagte: „Ich will Ihnen ja nicht zu nahe treten, nein, auf gar keinen Fall, aber also, ich wollte Ihnen nur erzählen, dass meine Schwester, sie war auch ein wenig, also, kräftig gebaut, und sie hat jetzt, seit sie bei den Weight Watchers mitgemacht hat und ich dachte, das könnte ja vielleicht auch Ihnen … helfen …" Sah sie mit vorsichtig hochgezogenen Augenbrauen an.

Sie fand jetzt seine Knollennase sehr hässlich. Und bevor sie anfing zu hyperventilieren, bat sie ihn zu gehen. Sie wollte nicht, dass er sie so sah, so atmend, so rot vor Wut, so gedemütigt, daher war ihr Ton sehr barsch, ihr Gesichtsausdruck auch, ihre Worte auch.

Als er mit einem gestammelten „Bis morgen dann" ging, musste sie sich zurückhalten, ihm nicht hinterherzurennen und ihn zu schlagen.

Sie dachte an die Jahre, die sie nun schon dick war, an die unzähligen Diäten, durch die sie sich gequält hatte, von denen sie immer dicker geworden war, dachte an die Tausende von dümmlichen Ratschlägen von wohlmeinenden, teilweise wildfremden Menschen. Sie saß da und war ganz klein. Und hässlich. Ihr wurde übel.

Eine Stunde später, sie hatte sich nicht mehr geregt seither, erhob sich zu ihrer Linken ein irres Gebrüll.

Pit kam aus den Rhododendronbüschen etwas oberhalb der Bänke mit seinem Hund auf dem Arm und schrie: „Er hat ihn umgebracht, dieses Schwein, diese Sau!“ Die anderen rüttelten an Pit und an dem schlaffen Hund, heulten alle gleichzeitig. Pit legte ihn auf den Boden und blies ihm ins Maul, um ihn zu beatmen. Ohne Erfolg. Es war erschütternd. Sie setzten sich im Kreis um den toten Körper, Pit heulte und brüllte abwechselnd, sie ließen die Schnapsflasche kreisen und riefen: „Der Gärtner ist schon so gut wie tot!“ und „Ich bring ihn um!“ oder „Den machen wir kalt!“

Sie hörte sich das alles eine Weile an. Schließlich stand sie auf, ging zu der kleinen Truppe hinüber und sagte: „Wisst ihr, der Mann, der sich heute zu mir gesetzt hat, der, der jeden Tag hierherkommt.“

„Ja?“, sagte Tina und hob den Kopf.

„Der hat mir heute erzählt, dass er Hunde hasst und dass sie alle seiner Meinung nach umgebracht gehören, weil sie die Parks zuscheißen.“

Im Weggehen hörte sie nicht ohne Befriedigung das Kriegsgebrüll, das sich hinter ihr laut und wütend erhob.

Zwei rechte Hände

Wissen Sie, Herr Michael, ich verstehe das schon, mit Ihrem Kummer und auch, dass Sie sich überlegen, einfach zu gehen. Und obwohl ich eine von der älteren Generation bin, in der ja alle auf Biegen und Brechen zusammengeblieben sind, ich war anders, glauben Sie mir! Aah ja, genau so ist es gut, Sie machen das wirklich wunderbar, wenn ich da an Ihren Vorgänger, den Herrn Rudi, denke, der war ganz anders. Ruppig und immer hopphopp. Ich verstehe ja, dass Sie vom Sozialen Dienst viele Kunden haben und nicht so viel Zeit, aber ich habe mich erkundigt über die Tarife, was die Krankenkasse Ihnen pro Besuch zahlt, ich bin nämlich nicht dumm, alt ja, aber da ist man nicht automatisch dumm. Und es war nicht in Ordnung, wie Ihr Vorgänger sich verhalten hat. Einmal die Woche baden, da freue ich mich Tage vorher drauf. Das will ich genießen, im warmen Wasser liegen, Badeschaum, und dann ist es natürlich die größte Freude, wenn ich auch noch den Rücken so schön geschrubbt bekomme wie von Ihnen jetzt, mmhh. Und er, was hat er gemacht? Ging ihm alles zu lange und ich sei angeblich zu schwer zum Raushieven. Das hat er tatsächlich gesagt: raushieven. Als wäre ich eine alte, verwurmte Truhe oder sonst ein Möbelstück. Der wollte mich auf einen Stuhl unter die Dusche setzen, das sei praktischer.

Ehrlich gesagt würde ich es gut alleine schaffen, denn ich bin ja noch in recht gutem Zustand, aber wenn alles nass ist, das ist ja doch gefährlich und schließlich habe ich die ganzen Jahre einbezahlt, da habe ich ein

Recht auf einen jungen Mann, der mir ein bisschen hilft und mir den Rücken wäscht, oder?

Auch mein Mann hat immer gerne gebadet, meist haben wir zusammen in der Wanne gelegen und, na Sie wissen schon, wir waren ja auch mal jung.

Aber ich wollte Ihnen etwas anderes erzählen, nämlich warum ich finde, man soll sich nicht zu schnell trennen. Ich verrate Ihnen ein Geheimnis, ein strengst gehütetes Geheimnis. Versprechen Sie, dass Sie es keinem weitererzählen? Na wunderbar. Aber selbst wenn, ich würde einen auf verrückte Alte machen, da würde Ihnen eh keiner glauben.

Also ich erzähl's Ihnen, Herr Michael, weil Sie von den ganzen Pflegern, die zu mir ins Haus kommen, der Netteste sind. Nein, widersprechen Sie nicht, Sie haben wenigstens das Gespür, die anderen, oh je, da sind solche Trottel drunter und teilweise sind sie richtig aggressiv.

Also: Auch ich war verheiratet und auch ich war irgendwann unglücklich, genau wie Sie. Der Unterschied zu Ihnen war, ich war abhängig von meinem Mann. Ich hatte nie gearbeitet. Außer Haus meine ich. Daheim habe ich alles gemacht, ich bin eine tolle Köchin und ich habe sogar die ganzen handwerklichen Sachen gekonnt, die normalerweise der Mann macht, aber mein Mann hatte zwei linke Hände und ich dafür zwei rechte. Ich will sagen, ich war durchaus patent und fleißig und doch war ich ohne ihn nichts. Das Haus, das ich von einem alten Kasten zu einem Schmuckstück verwandelt hatte, war seines. Ich hatte es von Anfang an geliebt. Die Lage hier im Rehhagweg, auf der Sonnenseite Günterstals, sagen Sie selbst: Kann man schöner wohnen? Ich bin hier im Stadtteil aufgewachsen und habe schon als kleines Mädchen davon geträumt, eines Tages entweder in der Riedbergstraße oder hier im Rehhagweg zu wohnen. Ja, es ist einfach wunderschön, aber ohne meinen Mann kein Haus, kein Geld, kein gar nichts. Und so fasste ich den Entschluss, nein, erschrecken Sie nicht, junger Mann, ja, ich gebe zu, es ist nicht erlaubt und es ist nicht gesellschaftsfähig, aber nun ja, ich beschloss, ihn zu ermorden.

Sie sehen, meine Lage damals war schwieriger als Ihre heute, ich sage das nicht, um Ihr Problem herunterzuspielen, nur um Ihnen zu helfen.

Ich hasste ihn richtig, meinen Mann, anfangs war die Liebe durchaus da gewesen, das Sich-angezogen-Fühlen, er war sehr stattlich, mit seiner geraden Haltung und den breiten Schultern, aber das Abhängigkeitsgefühl machte irgendwann alles kaputt.

Und schließlich kam mir diese fixe Idee in den Kopf und ich wurde sie nicht mehr los. Eines Tages beschloss ich es zu tun. Ich wusste genau wie und hatte alles durchdacht. Er legte sich eines Sonntagnachmittags in die Badewanne. Da unsere Liebe zu dem Zeitpunkt deutlich abgekühlt war, badeten wir mittlerweile nicht mehr zusammen, sondern jeder für sich.

Es war ein Dezembertag, draußen war es bitterkalt und schon dunkel.

Ich richtete es so ein, dass ich vor ihm badete. Nachdem ich mein Bad, das alles andere als entspannend war übrigens, ich hatte furchtbares Herzklopfen, also, wo war ich, ah ja, als ich das Bad hinter mich gebracht hatte, ließ ich das Wasser aus, putzte die Wanne, zog den Bademantel an, schlang mir ein Handtuch um meine halblangen Haare und verzog mich ins Wohnzimmer.

Punkt sechs Uhr, wie immer, hörte ich, wie er das Wasser einlaufen ließ.

Ich wartete. Und trank Tee. Meine Hände zitterten, die Tasse klapperte auf der Untertasse, so sehr, dass ich sie hinstellen musste.

Ich hätte es am liebsten ewig hinausgezögert. Kennen Sie das? Ich denke, bei einer Prüfung oder so ist es ähnlich. Man weiß, man muss durch und würde am liebsten fliehen. Ich bin nicht geflohen, ich war immer schon eine Frau, die durchzieht, was sie sich vorgenommen hat. Auf Teufel komm raus. Ich bin also ins Bad gegangen und da lag er, friedlich ausgestreckt im grünen Wasser. Schauminseln auf der Oberfläche, die Augen geschlossen, völlig entspannt. Ich sah ihn an. Er schlief nicht, er hatte mich kommen hören, aber er ließ die Augen geschlossen. Und, ich will Ihnen gegenüber ganz ehrlich sein, eben um Ihnen in Ihrer Situation zu helfen, also ich sah ihn an und ich schwöre Ihnen, ich hatte keine Sekunde Mitleid. Nichts, da war gar nichts. Meine große Liebe, der Mann, mit dem ich viele köstliche Stunden, nicht nur in der Wanne, verbracht hatte: nichts.

Ich sagte zu seinem ruhigen Gesicht hin: „Tut mir leid, aber ich muss mir schnell die Haare föhnen, ich gehe noch zu Emmi, aber das dauert nicht lange."

Er öffnete kurz das rechte Auge und verzog ein bisschen genervt den Mund. Das war's. Das sollte also das letzte Lebenszeichen von ihm sein.

Ich nahm den Kamm und fuhr mir durch die nassen Haare. Irgendwie wollte ich Zeit schinden. Es war nicht Mangel an Mut, es war die Ehrfurcht vor der Endgültigkeit. Dass man etwas tat, eine Sekunde reichte, und ein ganzes Leben änderte sich für immer.

Ich schaltete den Föhn ein. Ein großes silbernes Ungetüm, das schwer in der Hand lag und traktorähnliche Geräusche von sich gab.

Ich nahm meine Rundbürste, wie ich es immer tat, und legte eine Haarsträhne über die Bürste – habe ich schon erwähnt, dass meine Haare früher nicht gefärbt waren? Ich hatte ein wirklich schönes Braun, unschuldig, erinnerte an Bambi – wie auch immer, den Föhn in der Rechten und die Bürste in der Linken sah ich in den Spiegel und sagte lautlos: du musst, du musst. Jetzt! … Und föhnte einfach weiter. Wie gesagt, das Unabänderliche, das schreckte mich damals. Heutzutage, wo ich älter bin, habe ich mich an viele Unabänderlichkeiten gewöhnt, gewöhnen müssen, da geht man souveräner damit um.

Irgendwann war es so weit. Ich konnte es nicht länger hinauszögern, ich sagte unhörbar hopp! in den Spiegel hinein, das weiß ich noch genau, albern, in so einer Situation hopp zu sagen, aber ich erzähle Ihnen das alles nicht, um zu prahlen, und auch nicht, um Sie zu irgendetwas zu animieren, glauben Sie nur das nicht! Nein, ich erzähl's, um Ihnen zu zeigen, wie wenig Liebe da war zu meinem Mann. Ich hatte den Nullpunkt erreicht. Daher dieses herzlose Hopp.

Hopp, sagte ich noch einmal lautlos und holte tief Luft. Dann warf ich den laufenden Föhn, dieses hässliche alte Ungetüm im hohen Bogen in die Badewanne.

Ja, Sie halten die Luft an. Habe ich damals auch getan. Bis heute, wenn jemand hopp sagt, halte ich die Luft an. So sehr geht einem so eine Sache nach. Von Verfolgen will ich jetzt nicht reden, aber nachgehen tut es einem schon.

Es war wirklich ein extremer Moment in meinem Leben, der extremste, wenn ich es recht bedenke, wenn auch ein paar andere extreme noch folgten, aber dieser Hopp-Moment, wirklich, starker Tobak!

Ich will's kurz machen: Der Föhn landete etwa in Höhe seines Bauches im Wasser. Es machte kräftig Ffffft und das Licht ging aus.

Darauf war ich nicht gefasst, dass das Licht ausgehen würde. Das kann man sich ja eigentlich denken, aber ich stand da wie vom Donner gerührt. Eine Sekunde, zwei Sekunden.

Stockdunkel.

Rechts neben mir ein kleines Zischen in der Wanne: ssssss.

„Was war denn das?"

Angenommen, Sie hätten das getan, was ich getan habe, Sie stünden im Stockdunkeln, im Bad rechts von Ihnen eine Leiche in der Wanne, und dann fragte diese verdammte Leiche: „Was war denn das?", also da wären Sie bestimmt auch ohnmächtig geworden, oder?

Na, jedenfalls wusste ich danach, dass man mit einem Föhn in der Badewanne allenfalls die Lichter auslöschen kann.

Dank der Ohnmacht, die ja nicht gespielt war, wurde mein Mann kein bisschen misstrauisch, er glaubte wirklich, es sei mir schwindlig geworden, und so sei der Föhn eben ins Wasser gefallen.

(Ich war froh im Nachhinein, dieses blöde Hopp nicht laut gesagt zu haben.)

Tja, so kann's gehen, Herr Michael.

Es hat meinen praktischen Verstand beleidigt. Ich, die ich ganz ohne Männerhilfe jede Lampe anschließen und schon auch einmal eine Leitung verlegen kann, die sich gerne rühmte, Elektrizität genau zu verstehen, hatte einfach nur einen Kurzschluss produziert. Aber, wie sage ich immer: Wer nicht hinfällt, der lernt auch nicht aufzustehen.

Die Idee für den zweiten Versuch kam mir, als ich einmal in der Wanne stand und der Wannenboden vom Shampoo, das ich aus den Haaren spülte – hatte ich Ihnen schon gesagt, wie hübsch der natürliche Braunton meiner Haare früher war? –, ja, also das Shampoo machte den Wannenboden furchtbar glatt und ich dachte, wenn ich jetzt hingefallen wäre, mit dem Kopf auf den harten Wannenrand aufgeschlagen, das überlebt man sicher nicht.

Und so stieg mein Gemahl eines Tages zum Duschen in eine präparierte Wanne. Glitschiger als jede Eisbahn, der ganze Boden mit meinem Shampoo bedeckt, und die Shampooflasche, nur für den Fall, dass er überleben sollte, sorgsam drapiert, dass es aussah, als wäre sie umgefallen.

Perfekt!

Ich will es kurz machen: Er rutschte aus. Oh, und wie er ausrutschte! Es war so glitschig, dass er schon beim Einsteigen eine Grätsche machte, ein Fuß drin, der andere noch draußen und irgendwie schaffte er es, sich, als er sich abfangen wollte, gleich beide Arme zu brechen. Nicht einen – zwei! Er war immer schon ein Mann, der halbe Sachen verabscheute. Natürlich hatte er auch jede Menge Prellungen und blaue Flecken und ein Fußgelenk war verstaucht. Und eben die Arme.

Ein Mann mit zwei gebrochenen Armen zu Hause, das ist, als hätte man ein Kind. Morgens waschen, anziehen und dann füttern. Das Fleisch, die Kartoffeln klein schneiden in mundgerechte Portionen und füttern. Einen für Opa, einen für Oma, nein, ich mach nur Blödsinn, das habe ich natürlich nicht gesagt.

Und, ich weiß nicht wie, aber wir sind uns wieder näher gekommen in dieser Zeit. Es waren plötzlich wieder die leisen Töne, die wir anschlugen, und es gab kleine Gesten. Ein nettes, nur angedeutetes Lächeln von ihm, wenn ich ihm den Mund abputzte nach dem Essen. Oder abends, wenn ich ihn zudeckte, sein ironisches Die-Augenbrauen-Hochziehen, so nach dem Motto: Sieh nur her, was für ein toller Kerl ich bin.

Ehrlich, ich kann es Ihnen nicht genau sagen, wie es kam, Herr Michael, aber eines Tages war die Liebe wieder da. Schritt für Schritt nur, nicht laut tösend und leidenschaftlich wie am Anfang unserer Ehe, nein sie schlich sich leise, durch die Hintertür sozusagen, wieder in unsere Ehe ein. Abends, wenn ich mich im Schlafzimmer auszog, sah er mich wieder anders an, aufmerksam und ruhig, ein liebevolles Lächeln spielte um seine Lippen und ich wusste, es geht ihm so wie mir.

Ich erzähle Ihnen das, um zu zeigen, dass sie zurückkommen kann, die Liebe. Ich gehöre nicht zu den Alten, die sagen, man muss durchhalten, es geht auch ohne. Oh nein! Ich fand das immer scheußlich, diese Idee zweier Menschen, die nebeneinander aushalten bis zum Gehtnichtmehr.

Was ich nur meine, ist, dass man vielleicht nicht sofort handeln sollte, denn es gibt auch Fälle, und ich war einer davon, da kommt sie zurück.

Wie es weiterging? Hach, Herr Michael, das ist jetzt der traurige Teil der Geschichte, aber ich erzähle es Ihnen der Vollständigkeit halber. Irgendwann kamen die Gipsverbände weg und wir ließen das Wasser in die Wanne einlaufen. Zur Feier des Tages. So wie wir es früher immer getan hatten. Wir warfen uns schon ungeduldige und ein bisschen neckische Blicke zu, während es einlief. Dann setzten wir uns gemeinsam in den grünen Schaum. Wissen Sie, früher gab es dieses Fichtennadelschaumbad, heute sind die Düfte viel feiner und es gibt alles Mögliche, Orangenblüten, Vanille. Aber damals war es Fichtennadel und wir genossen es in vollen Zügen. Das grüne Wasser, der Schaum, der Duft, der das ganze Bad erfüllte und die Sinne betörte.

Er wusch mir den Rücken, ich liebe das, aber das wissen Sie ja, Sie sind ja auch wirklich viel netter als der Herr Rudi, aber ich will jetzt nicht schon wieder über ihn schimpfen. Und ich wusch meinem Mann die Haare, das mochte er so gerne, und so nahm eben alles seinen Lauf, ich meine Sex, ihr jungen Leute würdet das jetzt genau beschreiben, aber ich bin zu schamhaft und spare mir die Details. Es war wirklich schön wie früher, schön und erregend und auf eine geheimnisvolle Weise waren wir auf einer höheren Stufe, was die Liebe anging und auch das Körperliche, ich glaube, wir waren nie davor so erregt. Wir zogen es in die Länge, als wär's das letzte Mal, ach, Herr Michael, was red' ich denn so drumherum, es war tatsächlich das letzte Mal, er bekam auf dem Höhepunkt seiner Erregung einen Infarkt und verstarb in meinen Armen.

Ja, Sie haben recht, das ist todtraurig.

Was hätte ich gegeben, um ihn zurückzuholen! Nun hatte ich all das, was ich vorher gewollt hatte, das Haus und eine Rente, jedoch ohne ihn, meine große Liebe.

Aber ich will Sie nicht traurig stimmen. Ich habe es Ihnen nur erzählt, damit Sie sich Ihre Trennung noch einmal überlegen.

Sie müssen gehen? Oh ja. Die Zeit vergeht immer wie im Flug, vielen Dank, Sie müssen mir nur noch heraushelfen, den Rest kann ich auch gut alleine machen.

Die Haustür? Ja die klemmt ein bisschen, die müssen Sie einfach nur kräftig zuziehen. Das Vordach? Seltsam, dass Sie heute danach fragen, Herr Michael, aber nein, das ist inzwischen ganz sicher. Gleich nachdem das mit dem Herrn Rudi passiert ist, habe ich einen Handwerker kommen lassen, habe ich sowieso nicht verstanden, wie das herunterkommen konnte, hat die ganzen Jahre gehalten, wahrscheinlich Korrosion, Wetter und so, jedenfalls, der hat es wieder fest montiert, das zentnerschwere Ding fällt keinem mehr auf den Kopf.

Der Gentrifizierungs-Spezialist

Vor dem Haus, neben den großen Müllcontainern, spielen ein paar Kinder. Migrationshintergrund und Hartz-IV-Deutsche. Sie stehen im Kreis um einen etwa Zehnjährigen, der ein Handy in der Hand hält, und ihr Lachen erinnert ihn an Hyänen. Pit steigt aus dem Auto aus.

Die sehen sich wahrscheinlich grade einen Porno an, denkt er und verzieht verächtlich die Mundwinkel. Jetzt wird er der alten Krähe oben im zwanzigsten Stock Dampf machen. Er kennt das schon, wenn es per Schriftverkehr mit mehreren Mahnungen nicht läuft, dann hilft eine persönliche Unterredung mit Hinweis auf die netten Russen, die man so kennt.

Er betritt das Haus und drückt auf den Aufzugknopf. Die Gegend ist zwar verrufen, aber eigentlich top! Direkt neben dem Hochhaus der Dorfbach und knapp fünf Minuten, schon ist man am Dietenbachsee. Naherholungsgebiet. Herrlich! So nach und nach kriegt er den ganzen Abschaum raus. Er hat das schon an mehreren Projekten durchexerziert. Schrittweise eine Wohnung nach der anderen von den Eigentümern aufkaufen, die Mieter raus, dann die Wohnungen sanieren und Studenten rein. Als WG, die Zimmer einzeln vermietet, bringt so eine Wohnung das Doppelte bis Dreifache! Und die Gegend wird aufgewertet. Gentrifizierung nennt man so was.

Dieses Haus hier ist ein echter Glücksfall. In kurzer Zeit hintereinander sind neun Wohnungen zum

Verkauf angeboten worden. Und er hat zugeschlagen. Hat ein Händchen fürs Geschäft.

Oben im zwanzigsten Stock verlässt er den klapprigen Aufzug und klingelt an der Tür mit dem Namen Ehret. Er strafft sich und klemmt seine Aktentasche mit dem Vertrag unter seinen linken Arm, jetzt heißt es deutlich werden. Die Alte wird auf die Dauer nicht den Nerv haben zu widerstehen. Außerdem, in ihrem Alter ist längst betreutes Wohnen angesagt.

Als die Tür sich öffnet, steht da eine strahlende alte Dame und bittet ihn herein. Das hat er jetzt, ehrlich gesagt, nicht erwartet.

„Herr Frey", sagt sie und geht voran, „kommen Sie und setzen Sie sich" und zieht ihm im Wohnzimmer einladend einen Stuhl hin. Er setzt sich und sieht sich um. Keine Spitzendeckchen und auch keine Häkelgardinen, die Alten sind auch nicht mehr das, was sie mal waren. Oder doch, denn sie stellt ihm eine Flasche Likör auf den Tisch.

„Tun Sie mir den Gefallen und stoßen Sie mit mir auf den neuen Lebensabschnitt an!", sagt sie und schenkt ein.

„Neuer Lebensabschnitt?", antwortet er hoffnungsfroh und weiß schon, dieser Tag ist ein guter Tag.

„Na ja", sagt sie „es wird ein Abenteuer sein, dies alles zu verlassen", und sie lächelt und schenkt ihm nach. „Prost!"

Er kippt das süße Pappzeug und jubiliert heimlich, dieses Haus ist meins, denkt er, die krieg ich alle raus, dann nur noch Studis und Akademiker, das Naherholungsgebiet, der idyllische See, perfekte Anbindung an den öffentlichen Verkehr, Öko und so, er kommt ins Schwelgen. Er bückt sich, kramt triumphierend in der Aktentasche nach dem Vertrag und fällt kopfüber vom Stuhl.

Die Mieterin steht auf, (oh, wie sie in sich hineinschmunzelt!), tippt ein paar Zahlen ins Telefon: „Igor?"

Aus dem Eingang kommen zwei Typen mit fetten Hälsen und weichen Lippen. Sie tragen einen gerollten Teppich. Wirkt ein bisschen klischeehaft, wie im Fernsehen.

Eines der Kinder, ein etwa zehnjähriger Junge, stellt sich ihnen in den Weg und sagt in rotzigem Tonfall: „Na, schon wieder 'nen Teppich gekauft?"

Der vordere der Typen kramt mit der Linken in der Hosentasche und wirft ihm einen zerknüllten Hunderter vor die Füße. „Spielt schön", sagt er.

Das Lachen der Kinder hallt durch die Straße und an den Häuserwänden entlang bis hinauf ins zwanzigste Stockwerk. Es erinnert an das Lachen von Hyänen.

Lesereise, unblutig

Auf der Lesung waren gerade einmal vier Zuhörer gewesen. Ein älteres schwerhöriges Ehepaar und zwei Damen von der Presse. Das Ehepaar wirkte sehr zufrieden, die Frau nickte ihnen immer wieder zu, und die zwei Pressedamen schienen wohlwollend. Aber das half nur wenig über die Enttäuschung der fast leeren Scheune hinweg. Immerhin gab es Wein, denn der Leseort war die Scheune eines Winzers und das Ganze war mit einer Weinverkostung verbunden. Und sie hatten vorher, da sie mit dem Zug extra nachmittags angereist waren, Zeit gehabt, Weil am Rhein kennenzulernen. Der Buchhändler, ein netter Mann, der offensichtlich noch Ideale hatte, war ein bisschen mit ihnen im Auto herumgefahren, am Vitra Design Museum vorbei, und sie hatten alle drei „Ah“ und „Oh“ gesagt, und das nicht etwa pflichtschuldig, denn es sah wirklich toll aus.

Dann war jede alleine losgezogen und hinterher hatten sie ihre Eindrücke zusammengetragen: Antje hatte den Tüllinger Berg bestiegen, Franziska war durch den Ort geschlendert und berichtete von einzelnen riesigen Stühlen, die irgendwo herumstanden, teilweise sogar auf Dächern (sie erntete ein mitleidiges Lächeln ihrer Kolleginnen, Franziska war die Älteste von ihnen und offenbar überschritt sie schon manchmal die Grenze zur Demenz), Ina war im Dreiländergarten gewesen und schwärmte von einer Skulptur, die in irgendwelchen Wassergärten stand.

Es hatte also ganz gut angefangen, aber die Lesung war dann eine herbe Enttäuschung gewesen wegen der wenigen Gäste. Jede von ihnen fragte sich insgeheim, ob sie vielleicht als Schriftstellerin versagt hatte, auf dem absteigenden Ast war, vielleicht nicht mehr zeitgemäß oder, und das war die schlimmste aller Befürchtungen, einfach nicht mehr gut.

Hinzu kam die Angst, dass die jeweils anderen beiden beim Publikum besser ankamen. Ina zum Beispiel beneidete Antje um ihre direkte Art, ohne Scheu vor Blut und Knochenstücken zu morden, Antje wiederum fand Franziskas subtilen Stil beneidenswert und Franziska würde sonstwas dafür geben, eine so junge und frische Schreibe wie ihre beiden Kolleginnen zu haben.

Als sie schließlich vor der Rückfahrt wieder auf dem Bahnhof standen, stieß Ina einen kleinen Schrei aus und zeigte auf ein Plakat.

„Oh Mann!“, rief Antje aus. „Der schon wieder!“

Nun wussten sie, warum ihr Abend so wenig erfolgreich verlaufen war. *Er* war schuld. *Erwin Landsteiger*! Auf dem Plakat war seine Lesung am selben Abend angekündigt. Kein Wunder! Gegen seinen dressierten Kater kamen sie natürlich nicht an. Er war der absolute Liebling des Lesepublikums, immer in Begleitung seines schwarzen Katers, der auch gerne mal ein paar Kunststücke vorführte, während sein Herrchen beim Lesen häufig und laut schrie und dann auch wieder krächzte, das passte zwar in den wenigsten Fällen zum Text, dennoch, dem Publikum gefiel's.

Der Zug kam, sie stiegen ein, machten es sich in einem leeren Abteil gemütlich und unterhielten sich über ihren Konkurrenten, der ihnen, wie sie fanden, das ganze Geschäft kaputt machte.

„Ladies“, sagte Antje, „da gibt's eigentlich nur eines, oder?“ und sah sich beifallheischend in ihrer kleinen Runde um.

„Und das wäre?“, fragte Franziska.

„Also bitte! Wir sind Krimiautorinnen!“, erwiderte Antje mit gespielter Empörung.

„Stimmt“, sagte Ina, „wenn *wir* es nicht schaffen, unsere Konkurrenz auszuschalten, wer dann!“

Die beiden anderen nickten und lächelten verschmitzt, aber so nach und nach glitt der Blick jeder einzelnen in die Ferne – ein sicheres Zeichen, wer mit einer Autorin zusammenlebt, kennt es: Jetzt wird erdacht, erfunden, fantasiert und im Geiste ausprobiert!

Schließlich wühlte Franziska in ihrer großen Tasche, in der sie ihr Buch fein säuberlich wieder verstaut hatte. Es war ihr Lesungs-Buch, in dem sie die Stellen, an denen sie laut oder leise, schnell oder langsam werden musste, markiert hatte. Daneben, zur Sicherheit in ihren Pulli gewickelt, war eine Flasche Wein, die sie nun triumphierend hervorzog.

„Was ist das denn, hast du etwa ...!“, sagte Antje begeistert.

„Nun, wir haben zwar keinen dressierten Kater und können keinen Handstand, aber wir haben einen sehr köstlichen roten Gutedel hier!“, sagte sie fröhlich. „Wenigstens das hat uns die Lesung gebracht, dass wir jetzt wissen, dass es auch roten Gutedel gibt.“

Und dann, wie durch ein Wunder, erschienen drei Weingläser, die sie in die verschiedenen Zipfel ihres Pullis gewickelt hatte.

„Ich glaub's nicht!“, sagte Antje.

„Das gibt's doch nicht!", frohlockte Ina. „Aber du hast recht, wir müssen unsere vier Zuhörer feiern!"

„Jetzt aber an die Arbeit!", sagte Antje streng, nachdem die drei sich zugeprostet hatten. „Wie würdet ihr die Konkurrenz aus dem Weg schaffen?"

„Erst den Kater abmurksen. Ohne Kater ist er auch keine Konkurrenz mehr!", sagte Ina.

„Quatsch, der Kater war mal krank, da ist der Landsteiger ein halbes Jahr alleine getourt und hatte trotzdem immer volles Haus. Er hat angeblich außer dem Handstand auch noch ein Rad geschlagen und seinen Namen in verschiedenen Tönen gefurzt."

„Was?", sagte Franziska entgeistert, „das ist ja degoutant!" Sie war eine wirklich gute Autorin, aber Humor, in welcher Gestalt auch immer er daher kam, wurde von ihr mit großer Konsequenz nicht erkannt.

„Nein, das war nur Spaß, aber tatsächlich soll er ein paar Töne auf der Maultrommel gespielt haben."

„Maultrommel? Oh Gott! Das habe ich früher mal probiert, das ist richtig schwer", sagte Ina mit einer ganz mutlosen Stimme. „Und das Rad hab ich schon in der Schule nicht hingekriegt. Und damals war ich noch schlank!" Sie sah deprimiert vor sich hin.

„Es hilft nix, dieser Mann muss weg! Also wie würdet ihr es tun? Aber bitte ein bisschen anstrengen, Ladies!", sagte Antje.

„Tja, schwer zu sagen. Den Kater dressieren, scharf machen und auf sein eigenes Herrchen hetzen."

„Bitte etwas mehr Ernst!"

Es trat Ruhe ein. Man hörte das Geräusch des Zuges. Im Durchgang zum nächsten Wagon klapperte eine Tür.

„Darf ich?“, sagte Ina und schenkte sich nach. „Also ich bin immer noch Fan von dem guten alten Bremskabel.“

„Gibt's das denn wirklich? Ich meine, kann man das wirklich ansägen?“, fragte Franziska.

„Ja, du brauchst halt eine Metallsäge und ich würde es so machen: Wenn er mal wieder in einem dieser kleinen Käffer liest und danach spätnachts die Landstraße entlang heimfahren muss. Das wäre ideal. Irgendwo unterwegs erwischt es ihn.“

„Sehr schön“, sagte Franziska.

„Sauber!“, sagte Antje und sie prosteten sich zu und tranken noch einen kräftigen Schluck des roten Gutedels, der, seinem Namen zum Trotz, eine schöne goldgelbe Farbe hatte.

„Und du?“, sagte Ina zu Antje.

„Also ich habe kürzlich etwas Interessantes gelesen. Und das ist, dass die Bewohner aus Asylantenheimen angeblich für jeden Job dankbar sind. Nicht dass sie nichts arbeiten. Nein, die dürfen ja bestimmte Arbeiten machen, aber sie verdienen etwa zwei Euro pro Stunde. Das muss man sich mal vorstellen!“

„Unglaublich!“, sagte Franziska.

„Schweinerei! Mit den Ausländern kann man's ja machen!“, sagte Ina und hatte einen bitteren Zug um den Mund.

„Die Russen sitzen hier ja recht sicher im Sattel. Mit denen wollte ich keine Geschäfte machen. Aber so ein Asylant, der ist wahrscheinlich sowieso nicht lange da, also ideal! Und das kostet so gut wie gar nichts.“

Der Zug hielt in Bad Bellingen und ein Paar stieg ein.

Franziska legte warnend den Finger auf den Mund und schenkte noch einmal nach. „Schnell noch den Rest trinken, bevor wir da sind." Dann sagte sie leise, sodass das Paar, das sich drei Sitze weiter niedergelassen hatte, nichts hören konnte: „Also ich finde, nach wie vor, die leichteste, angenehmste und perfekteste Methode sind diese K.-o.-Tropfen, die die jungen Leute heutzutage in ihren Diskos benutzen. Man erhält sie fast überall, und je nach Inhaltsstoff ist schon nach sechs Stunden im Blut nichts mehr nachzuweisen. Und", sie verzog das Gesicht leicht angewidert, „sie fügen keine unschönen Wunden zu, das mag ich nämlich gar nicht."

Die kleine Runde versank in Schweigen. Kurz vor Schallstadt kam der Schaffner, ein gut aussehender Mittdreißiger, der garantiert Bodybuilding machte und die Fantasien der drei Krimi-Ladies für ein paar Minuten in ganz andere Richtungen lenkte. Kurz darauf hielt der Zug in Freiburg und sie stiegen aus. Franziska warf Flasche und Gläser unauffällig in den Mülleimer.

„Kommt gut heim", sagte Antje, die schon ziemlich angedudelt wirkte. „Ich schmeiß mich jetzt aufs Rad und fahr gen Zähringen."

„Ich hab's nicht weit", sagte Ina, „ich muss nur durch die Unterführung und schon bin ich im Stühlinger. War schön mit euch, nächstes Mal müssen wir unsere geheimen Pläne weiterspinnen."

„Ich habe gar keine Lust, jetzt noch nach Sankt Peter zu fahren", sagte Franziska, „aber was soll's, 20 Minuten und ich bin daheim."

Der Verleger tobte. Das gab's doch nicht! Wie konnte so etwas passieren! Gleich zwei seiner hoffnungsträchtigsten Autorinnen. Konnte man so viel Pech haben? Und dabei waren sie ja nicht einmal alt gewesen. Herzstillstand! Das bekamen vielleicht alte Omas, aber doch nicht Autorinnen im besten Veröffentlichungsalter. Herzstillstand! Mehr wurde bei der Untersuchung nicht gefunden. Ihr Freund hatte Ina Salinghausen nachmittags gefunden, er hatte sie nach der Arbeit besuchen wollen, und, tja, sie hatte wohl schon Stunden tot im Bett gelegen. Mein Gott, das war so ungerecht. Wie hatte er ihre Metaphern geliebt!

Und die andere, Antje Schmitter, war wohl unter Alkoholeinfluss (also von ihrem Alkoholproblem hatte er nie etwas bemerkt) mit dem Rad vom Weg abgekommen und hinten am Burgdorfer Weg in die Wiese gefahren. War hingefallen und musste die ganze Nacht da gelegen haben, war anscheinend erfroren. Als ihr dann morgens ein kleiner Schnauzer quer übers Gesicht leckte, was ihm einen Rüffel von Herrchen einbrachte, war sie schon ganz kalt und mausetot. Der Verleger schüttelte den Kopf, sie hatte diese herrlich blutrünstige Art zu morden gehabt!

Er blätterte wütend in der Zeitung. Es würde heute doch wohl hoffentlich etwas darüber drinstehen. Im Kulturteil, ein Nachruf, groß aufgemacht. Damit er wenigstens noch ein bisschen Werbung bekam und noch ein paar der Bücher abverkaufen konnte. Er schlug die erste Seite auf, nein, da wurden ja immer nur die großen literarischen Werke besprochen. Er hoffte auf die zweite und dritte, hielt den Atem an und blätterte um.

Verdammt! Nichts von dem mysteriösen Tod seiner beiden Krimiautorinnen, stattdessen ein Riesenartikel mit Bild von diesem Landsteiger. Der Verleger schüttelte deprimiert den Kopf. Dieser Typ hatte inzwischen bauchreden gelernt und ließ eine Puppe den ganzen Abschnitt aus seinem letzten Krimi lesen. In den Pausen steckte er sich ein Schwert tief in den Schlund bis zum Magen und konnte es unblutig wieder herausziehen. Und der Kater würde wohl auch anwesend sein.

Der Schatz der Zähringer

Jonathan drückte sein Ohr von außen an die Tür und versuchte, aus dem Gemurmel etwas herauszuhören. Er kannte das schon, manchmal schrien sie und manchmal murmelten sie nur vor sich hin. Es war das zweite Jahr, dass Ashana Rückführungen anbot. Ashana war seine Großmutter, die es sich verbat, Oma genannt zu werden. Ashana war ihr spiritueller Name, den sie schon hatte, so lange Jonathan denken konnte. „Ich glaube, den hat sie sich damals bei den Sannyasins eingefangen", hatte seine Mutter gesagt, als er danach fragte, „oder waren es die Yogis? Oder hatte es was mit Urschrei zu tun?" Sie legte die Stirn in Runzeln. „Nein, ich glaube, es war Ayurveda, oder ‚The Secret' oder einfach nur Astrologie?" Sie schüttelte den Kopf in gespielter Irritation und grinste spöttisch. Sie schüttelte immer den Kopf und um ihren Mund spielte immer ein spöttisches Grinsen, wenn es um Ashana, ihre Mutter, ging.

„Die Welt einer Mathematikerin ist halt nur schwarz und weiß", sagte Ashana, wenn sie über ihre komplett unspirituelle Tochter sprach.

Jonathan war immer gerne bei seiner Oma. Er verbrachte jedes Jahr die ganzen Sommerferien bei ihr und auch wenn er ihre jeweiligen Moden nicht besonders ernst nahm, es war wenigstens immer etwas los bei ihr. Das Haus, ein kleines Reihenhaus in Freiburg-Zähringen, war immer voll mit Fremden, es kamen ständig irgendwelche Klienten zu ihr. Im einen Jahr machte sie psychologische Lebensberatung, im nächsten wurde gependelt, dann gab es Vorhersagen mittels Tarot-Karten, dann wurden die Sterne befragt, schließlich Lichttherapie, Kristalle, Ölmassagen und so weiter. Und im letzten Jahr dann die Rückführungen, die anscheinend auch dieses Jahr immer noch dran waren.

Der Mann, der in Ashanas Wohnzimmer auf der Couch lag, hatte schon zwei Mal das Wort „Schatz“ gerufen. Beim ersten Mal hatte sich seine Stimme vor Aufregung überschlagen und Jonathan, der sich gerade in der Küche nach etwas Trinkbarem umsah, schlich sich zur Tür und drückte dort jetzt sein Ohr platt. Das Gemurmel war von Schluchzern unterbrochen und dann hörte er ein Wort *Hoch*... und kurz darauf *Gaben* und dann war eine Zeitlang nur noch das Schluchzen und dann kamen wieder ein paar Wörter, wobei *Burg* das einzige war, das er identifizieren konnte. Im gleichen Moment klingelte das Handy unten in seinem Zimmer und er schlich sich leise von der Tür weg.

„Du weißt doch, dass das alles Quark ist“, sagte er kurz darauf zu Tim ins Handy.

„Ich könnt's mir schon vorstellen, sone Sachen gibt's“, sagte Tim am anderen Ende. Tim war sein Ferienfreund, er wohnte ganz in der Nähe und war ein großer Fan von Rollenspielen, Fantasybüchern, Computerspielen und von Ashana. „Angenommen, der hat sich wirklich zurückbeamen lassen in die, ich weiß nicht, eben in die Zeit, als man noch riesige Schätze versteckte, Gold, Juwelen und so, dann weiß er vielleicht was.“ Tims Stimme klang aufgeregt. „Schreib dir am besten alles genau auf, was du so hörst, Mann, wär' das abgefahren, wenn wir 'nen Schatz finden würden!“

Der Mann, der in Ashanas Wohnzimmer gemurmelt hatte, wohnte in ihrem Haus unten im Keller. Das Untergeschoss war ausgebaut, üblicherweise vermietete sie an einen Studenten und außerdem befand sich dort auch Jonathans Zimmer, das er während seiner Sommerferien beziehen durfte. Es gab zwar auch noch Zimmer im ersten Stock, aber diese hatte Ashana, nachdem ihre Tochter ausgezogen war, zu Asservatenkammern der Spiritualität umfunktioniert, hier gab es Klangschalen, Traumfänger, Kristalle und jede Menge Räucherstäbchen. „Da passt du einfach nicht mehr rein", hatte sie entschuldigend gesagt und ihn kurzerhand im Keller neben dem Studenten einquartiert. Dieses Jahr war es aber kein Student, sondern Herr Meißner, ein Mann so um die Vierzig, mit unruhigem Blick.

Am Nachmittag saßen Jonathan und Tim zusammen in Tims Zimmer und besprachen das Ganze. „Nur mal angenommen", sagte Tim, „da wäre was dran, und der Meißner hat sich zum Beispiel zurückversetzen lassen, welche Zeit würde das sein?"

„Mittelalter", sagte Jonathan, „das ist grad total in, hat Ashana gesagt."

„Das würde ja auch passen, immerhin kommt *Burg* vor und Burgen stammen doch aus dem Mittelalter, oder? Zeig mir noch mal das Blatt mit den Wörtern." Jonathan reichte es ihm, er hatte aus dem Gedächtnis alles aufgeschrieben, was er hinter der Tür gehört hatte.

„Also wir haben: *Hoch, Burg, Schatz* und *Gaben*", sagte er.

„*Schatz* war zwei Mal", sagte Jonathan.

„Die Frage ist bei diesen Rückführungen: Wird man in die Umgebung versetzt oder irgendwo hin weit weg?"

Jonathan war sich nicht sicher. Er erinnerte sich, dass seine Mutter, als sie am Telefon mit Ashana sprach und so das erste Mal von ihren Rückführungen erfuhr, gesagt hatte: „Und vergiss nicht, Mama, ab der zweiten Cleopatra, die auf deiner Couch liegt, ist was faul!" Seine Mutter hatte nach dem Gespräch dieses selbstzufriedene Lächeln im Gesicht gehabt, dem er entnommen hatte, dass Ashana am anderen Ende auf eine Art gestutzt haben mochte, die seiner Mutter das Gefühl gab, einen Volltreffer gelandet zu haben.

„Na ja, ich weiß es nicht genau, aber da er Freiburger Dialekt redet, stammt er wohl von hier und vielleicht, hoffentlich auch seine Eltern und ihre Eltern", sagte Jonathan.

Sie beschlossen der Einfachheit halber, davon fürs Erste auszugehen.

„Und jetzt?", fragte Jonathan. Eigentlich glaubte er nicht an einen Schatz, wäre da nicht Meißners sich überschlagende Stimme gewesen. Ja, da war etwas in der Stimme, er war sich nicht sicher, was genau es war. Begeisterung? Verzweiflung? Angst?

„Dass es um 'nen Schatz geht, ist schon mal sicher", sagte Tim. „Und wir haben eine Burg. Und dann noch *Gaben* und *Hoch*. Kombinieren wir einfach: Hier in der Umgebung gibt es die Zähringer Burg und die Hochburg. Und es gibt keine Gabenburg. Also ist es die beste Idee, wir sehen uns mal in Ruhe auf der Hochburg um", sagte er und sah dabei aus wie einer der Kommissare aus dem Fernsehen, fand Jonathan.

Am darauffolgenden Tag, einem sonnigen Hochsommertag, waren sie die ganze Strecke zur Hochburg geradelt (nicht ohne unterwegs über den Namen des Ortes Sexau laut loszuprusten), waren einmal um die ganze Burg herumgegangen, hatten unter lautem Grölen in den Abortturm gepinkelt, einen breiten Graben angesehen, waren Treppen hinauf- und hinuntergegangen, in einen engen Gang gekrochen, der am anderen Ende vergittert war, weshalb sie wieder rückwärts zurückkriechen mussten, hatten in die gespenstischen Tiefen eines alten Brunnens geblickt, zwischendurch Kanonen auf Emmendingen abgefeuert und saßen nun ein bisschen ratlos da. Die Burgruine war riesig und es hätte Tausende von Stellen geben können, um einen Schatz zu vergraben.

Schließlich sagte Tim: „Das wird nix, du musst dich nochmal vor die Tür stellen und zuhören, vielleicht bringt er noch ein paar Wörter, die die Stelle besser einkreisen."

Auf dem Rückweg von der Hochburg ließen sie es auf dem steilen Weg, der vom Berg hinunterführte, voll laufen und johlten dabei, so laut es ging.

Etwas später, als sie bereits auf einem Weg zwischen den Feldern, kurz hinter Denzlingen waren, zeigte Tim nach links zum Himmel. „Ein Milan, siehst du?"

Jonathan, ein echtes Münchner Großstadtkind, hätte einen Raubvogel nicht von einer Taube unterscheiden können. Er kniff die Augen zu, hinten, am Ende des Maisfeldes, flog ein ziemlich großer Vogel. Tim hielt an und hielt die Hand schützend über die Augen und sagte: „Boah, ein Mordsvogel!"

„Der hat was in seinen Krallen“, sagte Jonathan.

„Einen Hasen vielleicht!“, sagte Tim begeistert. Er starrte weiter hin und schrie plötzlich: „Mann, der hat es abgeworfen! Nichts wie hin!“ Er ließ sein Rad einfach fallen und rannte los.

„Ich pass auf die Räder auf“, sagte Jonathan, nichts gegen einen halbverwesten Hasen, aber er war schon ziemlich müde von der langen Radtour und dem Rumtoben auf der Burg. Falls es etwas wirklich Spektakuläres sein sollte, konnte er ja immer noch hin.

Es dauerte einige Zeit, bis Tim die Stelle erreicht hatte. Jonathan sah, wie er sich über das Ding beugte. Sein Kopf sank noch tiefer und noch tiefer und schließlich richtete er sich mit einem Ruck auf und rannte zurück.

„Jonathan!“, schrie er schon von weitem aufgeregt und Jonathan dachte, oh Gott, der Hase lebt noch.

„Jonathahaaaaan!“, schrie Tim schon wieder und kam schnell näher.

„Was ist denn los? Hat er etwa noch gelebt?“

„Das war furchtbar, furchtbar“, Tims Stimme erreichte ungewohnte Höhen. Er stand mittlerweile vor ihm und versuchte wieder Luft zu bekommen. „Das, das war eine Hand!“

„Eine Pfote?“

„Nein, eine Hand, eine echte, eine Menschenhand!“

„Hat sie sich bewegt?“, grinste Jonathan. „So wie bei der *Addams Family*?“

„Nein, sie war tot, oh Gott, war das eklig!“

„Das war vielleicht ein Handschuh, Alter!“

„Ich schwör's, das war eine echte Hand. Die Finger waren alle eingeklappt, nur der Zeigefinger war ausgestreckt, so." Er machte seine Hand zur Faust und zeigte mit dem Zeigefinger auf Jonathan.

„Das will ich sehn", sagte Jonathan, der es eigentlich ganz und gar nicht sehen wollte, aber davon ausging, dass es sich um einen Lederhandschuh handelte, den der blöde Vogel, nachdem er seinen Irrtum bemerkt hatte, abgeworfen hatte.

„Wieso hast du sie denn nicht mitgebracht?", fragte er, als die beiden über das holprige Feld liefen.

„Das war so was von eklig", sagte Tim und blieb ruckartig stehen. „Oh nein! Da ist er wieder!" Er zeigte geradeaus zu der Stelle. Und tatsächlich, der Milan hatte sich neben dem Ding niedergelassen, sah zu den beiden sich nähernden Jungs, packte das Teil mit seinen Krallen und erhob sich wieder in die Lüfte.

Auf dem Rückweg neckte Jonathan seinen Freund noch mehrmals wegen seiner Visionen, aber Tim sagte nichts, schien über etwas nachzudenken. Schließlich, kurz hinter Gundelfingen, bremste er scharf und blieb stehen.

„Das war ein Zeichen!", sagte er. Jonathan verdrehte ein bisschen die Augen, so wie seine Mutter es gerne tat, wenn sie mit Ashana sprach.

„Der Finger, er hat dahin gezeigt, so", er machte die Fingerstellung der Hand noch einmal nach. „Das ist eine Richtung. Ich meine, wir waren auf der Suche nach einem Schatz und da fällt eine Hand vom Himmel und zeigt in eine Richtung, und zwar in diese." Er zeigte mit dem ausgestreckten Arm nach geradeaus links. „Das ist die Zähringer Burg, Mann! Wir waren auf dem falschen Dampfer", und sein Gesicht, das seit dem grausigen Fund ein wenig blass gewesen war, bekam schon wieder Farbe. „Das ist es", sagte er freudig erregt „sie wollte uns den Weg weisen. Wow!" Er stieg aufs Rad und fuhr zügig los.

Jonathan sagte etwas lahm: „Na, wenn du meinst" und radelte hinterher. Er war nicht überzeugt. Anders als Tim und Ashana glaubte er nicht an jede Menge Hokuspokus, andererseits hatte er von Anfang an gefunden, dass einiges für die Zähringer Burg sprach. Warum also nicht? Schließlich wartete am Ende des Abenteuers ein Riesenschatz auf sie, Gold, Smaragde groß wie Hühnereier, die ein Vermögen wert waren, da lohnte es sich, in verschiedene Richtungen zu forschen.

Schon wenige Tage später war es so weit. Er hatte Ashana gefragt, wann denn der nächste Sitzungstermin mit Herrn Meißner sei, und Ashana hatte gesagt: „Diese Sitzungen, Kleiner, laufen nicht nach Kalender, so was läuft nach Gefühl", und ihn mitleidig angesehen. „Ist wirklich gut, dass du im Sommer hier bist, sonst wird am Ende noch ein Mathematiker aus dir." Sie lächelte ihn liebevoll an und gab ihm eine Riesenschachtel mit Pralinen, es waren Schnapspralinen, bei seiner Mutter absolut tabu. „Da", sagte sie, „vielleicht wirst du damit etwas lockerer. Termin, tz tz", sie schüttelte den Kopf und ging hinaus in den handtuchgroßen Garten hinterm Haus, wo sie ein paar halb verendete Kräuter hütete. (Ashana mochte ein Händchen haben für Menschen, ein Händchen für Pflanzen hatte sie definitiv nicht.)

Schließlich war es wieder so weit. Er hörte Ashana mit Herrn Meißner reden und dann klappte die Wohnzimmertür.

Jonathan schlich sich auf Socken die Holztreppe hinauf, die an den unangebrachtesten Stellen knarrte. Oben legte er sein Ohr an die Tür.

„Ganz ruhig", sagte Ashana. „Wir atmen ein und atmen aus, ein und aus …"

Dann begann Herrn Meißners Gemurmel.

„Ja", sagte Ashana, „ja, ganz ruhig!", und dann schrie er plötzlich laut: „Mein Schatz!" Es war wie ein Vulkanausbruch, und noch einmal: „Mein Schatz!" Danach sagte er lange nichts mehr. Ashana sagte: „Ein und aus, ein und aus, alles, was kommen will, kommt, alles, was gehen will, geht." Schließlich erhob sich wieder ein Gemurmel und mit etwas Anstrengung erkannte Jonathan das Wort *Gaben*, dann kam irgendwelches wirres Zeug und dann *Bertold* und *Fried*, oder war es *Friede*? Und dann war da noch einmal das Wort *Schatz*. Danach lautes Schluchzen. Drinnen hörte man, wie ein Sessel verschoben wurde, und Jonathan machte, dass er schleunigst wieder nach unten kam.

„Oh Mann! Das ist auch nicht mehr!", sagte Tim. „Obwohl, eines ist jetzt ganz sicher: Es ist die Zähringer Burg. Wegen dem *Bertold*, das hab ich gegoogelt, dem hat die Burg mal gehört. Zeig noch mal die Liste her, wir müssen das alles noch mal Schritt für Schritt durchgehn." Auf dem Blatt stand mittlerweile: *Gaben, Fried, Bertold, Burg, Schatz* und *Hoch*.

„Tja", Tim biss auf seiner Unterlippe herum, „es ist ein Schatz und er liegt auf der Zähringer Burg. Wahrscheinlich war der Meißner damals Schatzmeister bei dem alten Bertold oben auf der Burg. Ich habe nämlich auch gefunden, dass seine family damals einen riesigen Silberschatz angehäuft hat."

„Silber", sagte Jonathan enttäuscht, „schade, Gold wäre besser gewesen, so wie der Preis grade steht."

Tim sah ihn irritiert an. „Meine Mutter", sagte Jonathan erklärend, „die legt grade ziemlich viel Geld in Gold an."

Kim wischte die Enttäuschung Jonathans weg. „Silber ist genauso gut, wenn es viel ist, und das ist es, da bin ich mir sicher! Lass uns noch mal sehen: Da ist noch *Fried* und *Gaben* und *Hoch*. Ah ja, der Onkel Fried hat als Hochzeitsgaben noch ganz viele Juwelen geschenkt, sodass der Schatz noch wertvoller ist."

Er setzte sich vor den Computer und tippte ein paar Worte ein. „Also dieser Onkel Fried kommt nicht vor."

Jonathan wartete und spielte ein bisschen mit den Wörtern, als Tim plötzlich ausrief: „Hey, ich hab's, das hieß nicht Fried, sondern Bergfried! Und ein Bergfried ist so ein einzelner runder Turm wie der auf der Zähringer Burg! Wahnsinn!"

„Wow!", sagte Jonathan.

„Wir müssen da hoch und im Graben suchen!", sagte Tim.

Sie fuhren mit den Rädern die Straße hinauf zur Zähringer Burg. Jonathan, der zwar schon ein paar Mal oben gewesen war, schimpfte die ganze Zeit, weil die

Straße im oberen Teil so steil war, dass er immer wieder absteigen musste. Beim Restaurant stellten sie die Räder ab, Tim verschwand im Inneren und kam kurz darauf mit einem großen altmodischen Schlüssel zurück. „Damit wir auf den Turm können, der ist nämlich abgeschlossen“, sagte er.

Oben bei der Burg angekommen, gingen sie zuerst an den Rand des Bergplateaus, auf dem sie stand, und spähten hinunter.

„Verdammt, so eine Kacke!“, sagte Jonathan, „da ist nicht nur ein Graben, da sind gleich mehrere Gräben, wenn wir da überall nach dem Schatz suchen, dann buddeln wir noch, wenn wir alt sind und am Stock gehen.“ Er machte einen krummen Rücken, ließ die Zunge heraushängen und humpelte an einem fiktiven Stock vor Jonathan auf und ab. Jonathan fing nun auch an, wie ein Greis herumzulaufen, und die beiden pinkelten sich vor Lachen schier in die Hosen.

Dann gingen sie die efeuberankte Außentreppe des Turmes hinauf und schlossen die Tür auf. Oben auf dem Turm sahen sie ein bisschen unschlüssig in die Ferne, nahmen durch die Zinnen hindurch Wildtal unter Beschuss und löschten den Ort mit ein paar gezielten Laserstrahlen komplett aus. Danach gingen sie ein bisschen ratlos von Zinne zu Zinne, schauten hinab und wussten nicht so recht weiter, als Tim plötzlich rief: „Das glaub ich jetzt nicht, Mann, ich ..., das ist ja ..., komm mal her!“

Jonathan stellte sich neben ihn und sah in die gleiche Richtung. „Was?“

„Da“, sagte Tim, „da unten, siehst du das?“

Jonathan sah eine Art Schneise im Wald, es fehlten Bäume. „Ein Sturm, oder?"

„Ja, wahrscheinlich", sagte Tim „Guck richtig hin, was ist das da unten?"

Jonathan strengte seine Augen mächtig an. Umgefallene Bäume, Baumstümpfe, zersägte Baumstämme. „Hä?"

„Der Hochsitz, du Blödmann, siehst du's denn nicht?", sagte Tim aufgeregt und zeigte mit dem Finger auf ein Gestell aus Holz, das am rechten Rand der Schneise stand.

„Hey klasse!", sagte Jonathan, er war ein Stadtkind und wenn er früher Ashana besucht hatte und mit ihr wandern gegangen war (er erinnerte sich vage an eine Zeit, als sie Natural-Chi-Kurse im Wald anbot), ließ er keinen der Hochsitze aus, kletterte auf jeden hinauf. „Voll gut", sagte er jetzt, denn er dachte, Tim würde diese Vorliebe teilen.

„Klar ist das gut", sagte dieser ungeduldig, „aber warum?"

„Na, da kann man hochklettern", sagte Jonathan.

„Ich helfe dir", sagte Tim sehr, sehr herablassend. „Was ist da unten?"

„Ein Hochsitz."

„Genau, ein Hochsitz, ein HOCHsitz, na? *Hoch*! Das war nicht die Hochburg, das war, ja, genau, jetzt hast du's endlich auch kapiert, ein Hochsitz!"

Tim kam in Fahrt: „Und das hier ist der Bergfried und er hat den Schatz unterhalb vom Bergfried vergraben und zwar beim Hochsitz. Das ist der Hammer! Nichts wie hin!"

Unten mussten sie sich durch dornige Brombeerranken, über abgestorbene Baumstämme und durch sattgrünen Farn kämpfen, bis sie endlich den Hochsitz erreicht hatten. Er war an eine Buche gebaut. Nachdem sie mehrmals hinaufgeklettert waren und auch hier wieder sicherheitshalber die Umgebung unter Beschuss genommen hatten, sagte Jonathan etwas, was ihm schon ein paar Minuten durch den Kopf gegangen war, er aber kaum gewagt hatte zu sagen.

„Aber hat es den Hochsitz wirklich schon im Mittelalter gegeben? Ich meine, müsste der nicht schon zerfallen sein oder so? Oder versteinert?"

Sie sahen beide hinauf zu dem einfach gezimmerten Sitz und einige Minuten sagte keiner etwas. Tim sah zu Boden und in seinem Kopf schien es heftigst zu arbeiten.

„Ich hab's", sagte er. „Der Schatz stammt aus dem Mittelalter, aber er hat ihn durch diese Rückführungen wiederentdeckt und ausgegraben, um ihn an einer anderen Stelle wieder einzugraben, weil, weil ... tja, warum?"

„Weil er vielleicht oben vergraben war, wo jeder ständig vorbeikommt oder so, und er wollte ihn ein bisschen versteckter haben, aber trotzdem an einer Stelle, an die er sich gut erinnern kann", kam Jonathan ihm zu Hilfe.

Damit waren sie beide zufrieden und begannen, den Boden abzusuchen nach einem Zeichen, nach Spuren, dass hier kürzlich gegraben wurde. Es lagen überall rötlichbraune Rindenstücke herum von den zersägten Bäumen und während Jonathan minutiös Meter um Meter absuchte, hielt Tim sich am glatten Buchenstamm fest und ließ sich drum herum kreisen.

„Wir könnten natürlich alles hier unter dem Hochsitz aufgraben, aber da brauchen wir mindestens fünf Nächte."

„Wieso Nächte?", fragte Jonathan und zog fröstelnd die Schultern nach oben.

„Deshalb", sagte Tim und zeigte auf zwei Jogger, die sich langsam den Pfad zur Burg hinaufquälten. „Hier ist immer was los und wir wollen den Schatz schließlich für uns behalten, oder?"

Jonathan musste ihm recht geben und suchte weiter, machte Furchen mit der Schuhspitze in den Boden, kickte das eine oder andere Rindenstück weg, vergebens. Mittlerweile machte Tim Faxen am Baumstamm, packte ihn, als wolle er ihn herausreißen „Huah, ich bin Hulk, huah, ich reiß den Baum mit der Wurzel raus und da liegt er vor uns, der einzigartige, der mit einem furchtbaren Fluch belegte, der unglaublich wertvolle Schatz der Zähringer! Huah!"

„Fluch?", sagte Jonathan und hörte auf mit seinem Rumgescharre auf dem Waldboden. Bei dem Gedanken, hier mitten in der Nacht herkommen zu müssen, wurde es ihm mehr als mulmig.

Schließlich setzte sich Tim auf den Boden, legte den Kopf an den Baum und fing an zu spekulieren, wie der Schatz wohl unter den Hochsitz gekommen war.

„Ich glaube, er hat den Schatz deshalb nicht gleich mitgenommen, sondern erst wieder hier vergraben, weil er riesig war. Ein riesenriesenriesengroßer Schatz, viel zu groß für das kleine Zimmer bei deiner Oma. Und so ist es ja eigentlich ganz cool: Immer wenn er was braucht, Miete zum Beispiel oder Geld für ein Auto oder so, dann macht er einen Spaziergang, gräbt ein bisschen und …" Er tastete am Baumstamm und verbog den Kopf nach unten, um sich dort etwas anzusehen. „Mann!", schrie er „das gibt's doch nicht, da, ich … ich hab's!" Er winkte Jonathan herbei und zeigte auf eine Stelle unten am Stamm der Buche. „Schau mal, das ist es, das ist ein Zeichen, unser Zeichen!"

Jonathan besah sich den glatten gräulichen Stamm und sah erst nichts, dann aber, als Tim direkt drauf zeigte, fiel es ihm auch auf: ein Kreuz! Frisch hineingeschnitzt! Unglaublich!

„Das ist was?", fragte er, nur um sicherzugehen, ob Tim das Gleiche dachte wie er.

„Das ist das Zeichen, wo er liegt! Das hat er sich zur Sicherheit gemacht, falls er's vergisst, er ist ja schon alt, fast so alt wie Ashana, oder na ja, eher wie unsere Eltern, aber egal, sehr alt eben. Und vielleicht will er ja das nächste Mal erst in ein paar Jahren kommen, da ist es immer gut, man hat ein Zeichen!"

Sie knieten beide andächtig unter dem Hochsitz und besahen sich das Zeichen. Es war ein unauffälliges kleines Kreuz, offensichtlich erst kürzlich in den Stamm geschnitzt, und es war dieses Kreuz, das alle Bedenken und Zweifel wegwischte, jetzt ging es nur noch darum, wann und wie sie den Schatz heben würden.

Sie verabredeten sich in zwei Tagen, da würden Tims Eltern zum Bowling gehen und Ashana war bei ihrer Astro-Gruppe.

Am Tag nach ihrer Entdeckung saß Jonathan mit seiner Großmutter vor dem Fernseher, als es zaghaft an der Wohnzimmertür klopfte und nach Ashanas „Kommen Sie nur rein!" erschien Herr Meißner mit einem Briefumschlag.

„Ah, die Miete!", sagte Ashana, „pünktlich wie immer!" Sie bat ihn herein und lud ihn zu einem Glas Sekt ein. „Ich habe leider keinen Wein, ich trinke nur Sekt, ich finde, er hat einfach mehr Spirit, wenn Sie wissen, was ich meine", sagte sie und schenkte ihm ein Glas ein.

Jonathan hatte plötzlich den intensiven Drang, sich in Meißners Zimmer umzusehen, und schlich unbemerkt hinaus. Unten betrat er leise das Zimmer von Herrn Meißner, beide Ohren auf die Geräusche oben gerichtet, und sah sich um. Da war eigentlich nichts Besonderes. Wenn man bedachte, dass hier ein ehemaliger Schatzmeister wohnte, dem ein riesiger Schatz gehörte, war es sehr bescheiden eingerichtet. Er schien sehr ordentlich zu sein, das Bett war schön glattgezogen, so wie seine Mutter es immer von ihm gerne gehabt hätte, es war alles an seinem Platz, nichts lag einfach so herum. Er trat zum Schreibtisch, auf dem nur ein Blatt Papier lag, sonst nichts, alles andere schien in den Schubladen verstaut zu sein. Er nahm das Blatt hoch, drehte es um und ließ es mit einem kleinen Aufschrei wieder fallen, als hätte es ihn gebissen.

„Oh verdammt!", sagte er. „Oh verdammt, verdammt, verdammt!"

Er bückte sich schnell, nahm es hoch, sah sich ein bisschen ratlos um, dann legte er es wieder hin und verließ schleunigst das Zimmer. In seinem Zimmer angekommen, verschloss er die Tür mit zitternden Händen und ließ sich aufs Bett fallen. Was nun?

Am Abend darauf war er mit Tim unterwegs zum Schatz. Tim hatte alle seine Bedenken weggewischt. Das Blatt, das Jonathan auf dem Schreibtisch von Herrn Meißner gefunden hatte, war sein eigenes gewesen, das mit den einzelnen Wörtern vom Belauschen der Rückführung.

„Der weiß alles!", hatte er, immer noch zitternd vor Aufregung zu Tim gesagt. „Der weiß, dass wir dem Schatz auf der Spur sind, der wird uns wahrscheinlich abmurksen, eliminieren und so!"

„Der weiß gar nix, oder steht auf dem Blatt was von Hochsitz? Steht da was von einem kleinen Kreuz in einem Baumstamm? Nein? Also weiß er auch nix. Der fand es vielleicht einen Moment lang seltsam, das Blatt, aber dann hat er überlegt und ihm ist das Gleiche klar geworden wie dir jetzt grade, nämlich dass die Wörter nicht wirklich etwas aussagen."

„Aber wie kam der überhaupt zu dem Blatt, der muss in meinem Zimmer spioniert haben, der hatte schon einen Verdacht, und jetzt: Oh, das ist so was von krass!"

„Reg dich ab, er wird vielleicht neugierig sein, oder vielleicht hast du's ja auch auf dem Flur verloren und er hat's gefunden, auf jeden Fall wird uns das nicht abhalten, den Schatz zu heben!"

Und so kam es, dass sie kurz vor Mitternacht mit ihren Rädern den Berg hinaufschnauften. „Mitternacht müssen wir oben sein, das ist die beste Uhrzeit fürs Schätzefinden!", hatte Tim gesagt. Sie waren mit zwei Spaten und jeder mit einem großen Rucksack für den Abtransport des Schatzes ausgestattet. Jonathan fühlte sich trotz Tims Einwänden sehr unwohl und sah sich immer wieder um, ob sie verfolgt wurden. Die Nacht war nicht ganz dunkel, hin und wieder gab es ein kleines Loch zwischen den Wolken und ein halber Mond tauchte die Landschaft in ein gespenstisches Licht. Oben schoben sie die Räder den kleinen Pfad entlang bis zu den Schildern, auf denen man über die alamannische Vergangenheit der Burg informiert wurde. Dieses Mal stapften sie nicht durchs dornige Unterholz, sie hatten entdeckt, dass, wenn man vor anstatt nach den Schildern abbog, ein recht angenehmer Weg zum Hochsitz führte, wahrscheinlich die Einfuhrschneise für die Holzfäller. Sie ließen die Räder bei den Schildern liegen und machten sich auf den Weg.

„Es ist so klar und einfach alles", sagte Tim, während er über das kleine Kreuz streichelte. Sie legten ihre Rucksäcke auf den Boden und begannen auf der rückwärtigen Seite des Hochsitzes, denn in diese Richtung wies das Kreuz, zu graben.

Plötzlich hörte Jonathan etwas, ein lautes Rascheln, nahe dem Pfad, der zur Burg führte. Aber der Mond war gerade wieder hinter einer dicken Wolke verschwunden und man sah höchstens ein, zwei Meter weit. Alles, was weiter weg war, war nur schemenhaft zu erkennen, ein Baum hätte ein Mann sein können, ein Busch ein Werwolf, ein Baumstumpf ein lauernder böser Troll. Jonathan sehnte sich in diesem Moment nach München. Sich nach seinem Zimmer bei Ashana zu sehnen, brachte nichts, denn gleich nebenan sann der misstrauisch gewordene Herr Meißner auf Rache.

Tim schlug mit dem Rand des Spatens tiefe Kerben in den relativ weichen Untergrund, dann fing er mit großem Eifer an zu graben. „Na mach schon", sagte er zu Jonathan, der immer noch stand und ängstlich lauschte, wir wollen's ja heute Nacht noch schaffen oder? Denk dran: Nur noch vielleicht eine Stunde und wir sind reich!"

Jonathan fuhr herum. Jetzt hatte er es ganz deutlich gehört. Ein Rascheln, mittlerweile auf der anderen Seite, nicht mehr rechterhand beim Pfad, sondern hinter ihnen.

„Da ist jemand", sagte er und klammerte sich an seinen Spaten. Tim hielt kurz inne und hob den Kopf. „Ich hör nix, aber wenn, dann kann es ein Fuchs sein oder ein Hase oder ein Reh oder ein …" Da war es wieder! Jetzt hatte Tim es auch gehört und lauschte ganz still. Verdammte Wolken, mussten sie gerade jetzt den Mond so vollständig verdecken?

„Definitiv ein größeres Tier", sagte Tim, „ein Reh wahrscheinlich" und wandte sich wieder seiner Aufgabe zu. Er machte einen weiteren kraftvollen Spatenstich und sagte: „Oh, da ist irgendwas, mal sehen" und bückte sich und grub mit beiden Händen weiter.

„Wah!", schrie er plötzlich und sprang auf, als hätte ihn etwas gestochen. „Bäh, ist das eklig! Das ist", seine Stimme überschlug sich „das ist, das ist … das ist ein Arm!"

Im selben Moment hörte Jonathan ein Rascheln direkt hinter sich, ein sehr lautes Rascheln, fuhr herum, nahm eine große Gestalt wahr und bekam im selben Moment einen harten Schlag auf den Kopf. Er sackte in die Knie und sah, während er fiel, zwei große Männerschuhe vor sich stehen. „Halt, nein", rief er, als ihn bereits ein zweiter, härterer Schlag traf und dann sagte er nichts mehr, sah nichts mehr, hörte nichts mehr. Aus.

„Das stinkt den ganzen Gang hinunter", sagte eine Frau über die seltsame Mischung aus Desinfektionsmittelgeruch und dem Duft der Räucherstäbchen. Ashana schob die Frau im weißen Kittel zur Tür hinaus. „Sie werden doch wohl nicht der Genesung Ihres Patienten im Weg stehen wollen, oder?", sagte sie mit ihrer bestimmten Art, mit der sie noch jeden in die Knie gezwungen hatte.

Er ließ den Blick schweifen und sah Tim sitzen, er lächelte ihn schief an und daneben saß seine Mutter. Das gab ihm den Rest, wenn seine Mutter extra aus München angereist war, konnte das eigentlich nur bedeuten, dass er tot war oder kurz davor. Daher schloss er die Augen wieder und alles verschwand.

Aber ganz so schlimm war es nicht, wie er in den nächsten Tagen erfuhr. Er hatte eine riesige Beule, eine große, genähte Platzwunde und eine schwere Gehirnerschütterung, weshalb sie ihn eine Woche im Krankenhaus behielten. Ein Mann von der Polizei befragte ihn ausführlich und Ashana erzählte ihm danach alles, was sie erfahren hatte von Tim und dem Polizisten, er war ein alter Schulfreund von ihr und sie hatte ihm schon das eine oder andere Mal bei schwierigen Fällen geholfen. („Pah!", sagte ihre Tochter, als das Gespräch darauf kam, „pendelt man Verdächtige neuerdings aus bei der Kripo, dann können sie ja gleich *ene, mene muh, raus bist du* machen!", was Ashana mit einem überheblichen Schnauben quittierte.)

Tim war davongerannt, als Herr Meißner Jonathan niederschlug, hatte oben am Pfad sein Rad gepackt und war den Berg hinuntergerast, dicht gefolgt von Herrn Meißner, der sich Jonathans Rad genommen hatte. Aber Tim war schneller gewesen und kaum war er unten in der Pochgasse bei den ersten Häusern angekommen, schrie er wie am Spieß, schrie und radelte und schrie und das hatte den Meißner wohl gestoppt. Der nämlich war, als Tim sich wieder umsah, verschwunden.

Zuhause erklärte er dann einem laut gähnenden Polizisten, dass er grade einen Arm ausgegraben und ein böser Mann seinen Freund erschlagen habe.

„Du sagst also, da war eine Hand", fragte der Polizist pflichtschuldigst.

„Nein, die Hand war woanders, das da oben war ein Arm!"

„Aha", die mitleidige und gelangweilte Stimme des Polizisten ließ Tims Mutter zur Hochform auflaufen, sie schrie ihn an, dass dort oben gerade ein Kind umgebracht worden war und er nun gefälligst jemanden hinschicken sollte.

Zum Glück zeigte ihr Appell Wirkung und es wurden ein paar Kollegen hinaufgeschickt, die sahen an der bezeichneten Stelle nach und siehe da, sie fanden einen noch lebenden Jonathan blutüberströmt am Boden liegen und, sehr zum Leidwesen der beiden Jungs und zum Entsetzen der Eltern, keinen Schatz, sondern eine vergrabene Leiche.

„Eine Leiche ist ganz okay", sagte Tim, am Bett von Jonathan sitzend, „das kann ich in der Schule überall rumerzählen, aber ein Schatz wäre nochmal viel besser gewesen."

„Viel, viel besser", stimmte Jonathan ihm enttäuscht zu.

Die Geschichte war die, dass Herr Meißner in einem Anfall von rasender Eifersucht seine Freundin erschlagen hatte. Sie waren gerade beim Spazieren oben an der Burg gewesen und hatten einen kleinen Abstecher zum Hochsitz gemacht, denn die Freundin liebte es, auf einen Hochsitz zu klettern, das erinnerte sie an ihre Kindheit. Sie war hinaufgeklettert und hatte oben den Ausblick genossen, das hatte ihr wohl das Gefühl gegeben, einen Ausblick auf ihr Leben werfen zu müssen, und da fiel ihr plötzlich, ganz spontan ein, dass sie ihm ihren gelegentlichen Liebhaber, einen Kollegen namens Bertold, endlich gestehen wollte. („Oh Mann", sagte Jonathan, „das war gar nicht der alte Zähringer Bertold!") Sie wollte, und das habe sie tatsächlich so gesagt, *Tabula rasa* machen.

Stattdessen hatte Herr Meißner *Tabula rasa* gemacht und sie mit einem herumliegenden Ast totgeschlagen.

„Machen Sie das öfters mal einfach so?", fragte der ihn verhörende Polizist.

„Bisher noch nie", sagte Herr Meißner bedrückt, nein, er sei eigentlich kein schlechter Mensch, er habe sogar noch ein Gebet gesprochen und ihr ein kleines Kreuz in den Baum geritzt.

„Aber den Jungen hätten Sie auch fast totgeschlagen!“, sagte der Kripo-Beamte erbost.

„Ja“, sagte Herr Meißner, „aber das hab ich auch noch nie gemacht vorher!“, und sackte in sich zusammen auf seinem Sitz.

„Dann war der Schatz in Wirklichkeit seine Freundin“, sagte Jonathans Mutter, als sie nach Jonathans Entlassung in gemütlicher Runde in Ashanas Wohnzimmer saßen.

„Ja“, Ashana nickte, „er hat immer von seinem Schatz geredet, dass er sie so vermisst. Dass er sie auch totgeschlagen hat, wusste ich natürlich nicht.“

„Und was hatte *Gaben* eigentlich zu bedeuten?“, fragte Jonathan.

„*Gaben*?“, Ashana dachte nach, „ich kann mich nicht erinnern, dass er ... oh, nein, du meinst vielleicht graben, er hatte immer was von graben gesprochen, ich hatte den Verdacht, dass er damit meinte, er müsse eine alte Schuld ausgraben oder so. An eine reale Leiche, die er eingegraben hat, also darauf bin selbst ich nicht gekommen.“

„Aber“, Tim runzelte seine Stirn, „was hat das alles jetzt eigentlich mit Mittelalter zu tun?“

„Mittelalter?“, sagte Jonathans Mutter.

„Mittelalter?“, sagte Ashana und sah Jonathan an.

„Ja, Mittelalter“, sagte dieser erklärend. „Deine Rückführungen, vergangene Zeiten und so.“

„Ach das!“, Ashana lächelte milde. „Das mache ich schon lange nicht mehr. Nein, der Mensch lernt ja Gott sei Dank dazu, wir alle (sie sah ihre Tochter scharf an und diese schüttelte missbilligend den Kopf) müssen ständig dazulernen, *lifelong learning* heißt das, lebenslanges Lernen, und daher entwickle auch ich mich immer weiter. Daher mache ich keine Rückführungen mehr, die greifen einfach nicht tief genug, ich mache jetzt ATT, Achtsame Trauma-Therapie."

„Achtsame Trauma-Therapie", sagte ihre Tochter mit ernstem Gesicht, „aha."

„ATT", sagte Tim bewundernd und strahlte Ashana an, „voll abgefahren!", und Ashana schenkte ihm ihr liebevollstes Lächeln.

„ATT", sagte Jonathan und nickte.

„Ihr Lieben, ich muss jetzt leider kurz nach draußen, ich darf ja unsere stummen Lieblinge nicht vergessen", sagte Ashana und ging hinaus in den Garten, wo es außer einem bräunlichen Rasen nur ein paar krank aussehende Pflanzen gab. Ihre Tochter folgte ihr.

„Erst kürzlich habe ich einiges über sogenannte effektive Mikroorganismen erfahren, das ist eine wirklich tolle Sache zur Bodenverbesserung", sagte Ashana und streichelte zärtlich über eine vertrocknete Rosmarinpflanze.

„Und ich habe erst neulich erfahren, dass ein oder zwei Schlückchen Wasser bei Pflanzen, zumindest im Hochsommer, wahre Wunder wirken können", sagte ihre Tochter.

„Ah ja?", sagte Ashana und zog die Augenbrauen hochmütig zusammen.

„Ja", sagte ihre Tochter mit einem Tonfall, wie ihn laut Ashana nur Mathematiker haben können.

„Kommst du nächste Ferien wieder? Wir könnten noch mal auf die Hochburg und dieses Mal Windenreute und Kollmarsreute eliminieren“, sagte Tim.

„Super Idee“, sagte Jonathan.

Ihr Kinderlein …

Sie sind um den feierlich geschmückten Weihnachtsbaum versammelt. Papa, Mama und drei Kinder. („Drei Kinder sind zwar nicht zeitgemäß", sagt Mama gerne, „aber wer einmal das Trappeln kleiner Kinderfüße …") Der Vater hat die Spekulatius selbst gemacht, im Haus schwebt der Geruch von Muskat, Kardamom und Nelken und er fragt sich, ob die Nelken nicht ein winziges bisschen, nur einen Hauch zu sehr dominieren?

Draußen der Weihnachtsmann flucht, Scheiß Vauban, Scheiß Ökos, autofreie Zone, er muss den Sack zu Fuß schleppen.

Dann ist es so weit, der Weihnachtsmann ist da und lädt alles Mögliche ab, vor allem Bücher, und geht wieder. Sie packen aus und der kleine Paul (5) bekommt nicht die gewünschte Spiele-Konsole und fängt an zu heulen. Lena (8) wollte das neue Smartphone und kickt wütend gegen das Paket mit Potter-Büchern. Moritz (11) war ganz auf ein Apple Laptop eingerichtet und hat jetzt definitiv die Schnauze voll. Er brüllt: „Das werdet ihr noch bereuen, wir zahlen's euch noch heim!", schiebt die Kleinen vor sich her in den Flur und dreht von außen den Schlüssel der Wohnzimmertür um.

Die Eltern drinnen fragen sich, was sie falsch gemacht haben. Sie wollen die besten Freunde ihrer Kinder sein, die Kleinen frei erziehen und kreativ (die Mutter kann ihren Namen tanzen). Sie ruft versöhnlich nach ihrem Jüngsten: „Pauli, mein Kuschelbär, komm wieder rein zu uns!", aber Pauli, das niedliche Pummelchen, steht bereits oben im zweiten Stock des Reihenhauses, am

Fenster des elterlichen Schlafzimmers. Moritz gibt ihm grade das Jagdgewehr aus Vaters Waffenschrank. Hat den Schalldämpfer schon draufgeschraubt.

„Du musst so zielen", zeigt es dem Kleinen. Der legt an und hat mit seinem Zeigefingerchen Schwierigkeiten, den Abzug zu drücken. Die Schwester hilft. Daneben!

Dann der Große: auch verfehlt, aber knapp.

Draußen der Weihnachtsmann, Informatikstudent, sozialer Aufsteiger, murmelt „verdammte Akademikerbrut" in seinen weißen Wattebart, als ihn etwas streift. Während er sich noch fragt, was das war, wird er getroffen, ein sauberer Schuss direkt in den Hinterkopf.

„Volltreffer!", jubelt oben Moritz und haut der Schwester anerkennend auf die Schulter. Schraubt den Schalldämpfer ab und verstaut die Waffe wieder im Schrank, schließt ab und legt den Schlüssel schön ordentlich zurück an sein Versteck.

Die Eltern unten sind immer noch ein wenig ratlos, fragen sich, jeder für sich und ohne es laut auszusprechen, ob sie ... tja, vielleicht mehr Grenzen ...?

Dann aber ruft Mama laut: „Kommt doch alle wieder runter und lasst uns zusammen an den Tisch setzen und drüber reden!", und sie beide sind erleichtert, als sie das Getrappel kleiner Kinderfüße auf der Treppe hören.

Schöne Ausflüge und Stadtspaziergänge zu einigen der Tatorte

Der Alte Friedhof in Herdern

(Kleiner Tod)

Wer Freiburg von seiner melancholischsten Seite kennenlernen will, sollte einen Spaziergang durch den Alten Friedhof an der Stadtstraße in Herdern machen. Der Friedhof ist von der Innenstadt aus zu Fuß in etwa 10 Minuten zu erreichen und ein wirkliches Kleinod. Er wurde 1683 angelegt und diente bis 1872 als Ort der Bestattung. Seither altert er in Würde vor sich hin und bewahrt sich eine ganz besondere Atmosphäre.

Unter den vielen sehenswerten alten Gräbern ist das Grab des Mädchens das bekannteste und geheimnisvollste, hier wurde einst Caroline Christine Walter begraben und seither liegen jeden Tag frische Blumen auf ihrem Grab. Wer sie hinlegt, weiß keiner.

Auch sehenswert ist die Michaelskapelle, in deren Vorhalle man Bekanntschaft mit dem Tod höchstpersönlich machen kann.

Der Alte Friedhof bietet sich an für eine kleine Pause, hier kann man zwischen den alten Gräbern spazieren gehen, sich an einen der altmodischen Teiche setzen und zur Ruhe kommen und wenn man genau hinhört, vernimmt man vielleicht ein leises Flüstern.

Der Mathisleweiher bei Hinterzarten
(Der letzte Wolf)

Der Mathisleweiher, ein geheimnisvoller Moorsee mitten im Wald, befindet sich etwas oberhalb des Kurortes Hinterzarten in etwa 1000 Metern Höhe. Man erreicht ihn von Hinterzarten aus zu Fuß. Er speist einen der Quellflüsse der Dreisam, den Zartenbach, ist somit also verwandt mit Freiburg.

Der kleine See liegt ganz versteckt im Wald, umgeben von hohen Bäumen. Er hat eine braune Farbe, die durch einen hohen Huminsäuregehalt zustande kommt.

Wer einigermaßen mutig ist, kann im Sommer darin baden, die anderen verzichten auf den Kälteschock und schonen lieber ihr Herz. Nicht nur der See, auch die Umgebung mit dichtem Nadelwald, mit Lichtungen und Wiesen ist wunderschön und der Gedanke an Mord und Totschlag kommt einem bei so viel Schönheit und Idylle nur ganz selten.

Die Dreisam

(Er fühlt sich nicht so)

Zugegeben, die Freiburger haben keinen Fluss, der auch nur im Entferntesten an den Neckar, den Rhein oder Main heranreicht, aber – und das ist Fakt – sie haben im und am Fluss die schönsten Steintürme Deutschlands (wenn nicht Europas).

Die Dreisam hat ihren Ursprung etwas nördlich von Kirchzarten im Dreisamtal, wo sie durch den Zusammenfluss von Rotbach und Wagensteigbach entsteht.

Lediglich in Hochwasserzeiten, zum Beispiel während der Schneeschmelze, wird sie zum reißenden Fluss. In früheren Zeiten sorgte sie für einige unschöne Überschwemmungen, bei einer davon, im Jahre 1896, wurden mehrere Brücken, darunter auch die Schwabentorbrücke, zerstört.

Meist aber fließt die Dreisam brav geradeaus und ist gerade mal knöcheltief. Umso fantasievoller wird sie von den Freiburgern auf verschiedenste Arten genutzt. Es werden Staudämme gebaut, so dass kleine Pools entstehen oder Planschbecken für die Kinder, an heißen Tagen stellt man einfach einen Campingtisch in den Fluss und frühstückt mit angenehmer Fußkühlung oder man tut das, was so gut wie jeder schon einmal getan hat, es scheint eine unbezwingbare Macht zu geben, die jeden dazu bringt, es zu tun: unter den unzähligen Steinen die schönsten auszuwählen, einen auf den anderen zu setzen und sich so mit einem einzigartigen, nie da gewesenen Steinturm zu verewigen.

Der Mundenhof
(Ende Gelände)

Im Laufe seines Bestehens seit dem Jahre 1968 hat der Freiburger Mundenhof schon tausende von Familien vor dem sonntäglichen Tod durch Langeweile gerettet. Er ist das Ausflugsziel für Familien mit Kindern und hat auf seinem weitläufigen Areal von 38 Hektar viel zu bieten. Es gibt Koppeln mit Haus- und Nutztierrassen aus verschiedenen Ländern, man kann Strauße, Wasserbüffel, Kamele, Gibbons und auch einen Braunbär beobachten.

Ein Mal im Jahr, während der Regenzeit, findet hier das Zeltmusikfestival statt und Teile des Mundenhofs verwandeln sich in eine märchenhafte Zeltstadt. Das Festival hat sich seit seinen Anfängen im Jahre 1983 zu einem internationalen Highlight unter den Musik-Events entwickelt.

Dank der zahlreichen Veranstaltungen für große und kleine Besucher ist der Mundenhof ein beliebtes Ausflugsziel vor den Toren der Stadt. Er liegt bei Lehen und ist mit dem Auto, dem Bus oder mit dem Fahrrad (immer die Dreisam entlang) zu erreichen.

Schneckenvorstadt mit Gerberau, Fischerau und Insel

(Die Macht des Zufalls)

Die Freiburger Innenstadt ist voll mit spektakulären Sehenswürdigkeiten wie dem Münster, dem alten Kaufhaus, dem Rathaus und vielen weiteren, aber nirgendwo ist es so malerisch wie am alten Gewerbekanal in der Schneckenvorstadt. Der Kanal war einst ein wichtiger Wasserspender für verschiedene Handwerker, die für ihr Gewerbe Wasser brauchten, wie Gerber, Edelsteinschleifer, Fischer oder Müller. Der Name Schneckenvorstadt rührt von den schneckenhausförmigen Wendeltreppen her, die früher die Stockwerke der Häuser miteinander verbanden.

Am Gewerbebach entlang führen die beiden Gassen Gerberau und Fischerau und bei der Insel führt eine kleine Brücke über den Bach. Wer hier entlangschlendert, die hübschen alten Häuser bewundert, in den kleinen Geschäften kulinarische Spezialitäten, Wein, Bücher oder Antiquitäten einkauft, in einem der Cafés sitzt und dem Wasser beim Fließen zusieht, wird sich wahrscheinlich fragen, warum er nicht jeden Tag hierherkommt.

Wenn man sich bei der Insel über das Geländer lehnt, wird man von der Tatsache überrascht sein, dass es in Südbaden offenbar frei lebende Krokodile gibt, und wer nach dem ersten Schreck noch ein bisschen genauer hinsieht, wird neben dem Krokodil außer den paar Münzen vielleicht auch einen Ehering im Wasser blinken sehen.

Der Waldsee

(Waldsee Passion)

Der Waldsee befindet sich im nach ihm benannten Stadtteil Freiburg-Waldsee im Osten der Stadt. Er ist ein echtes Mehrgenerationen-Ausflugsziel der Freiburger. Während die einen davon schwärmen, wie toll es war, als sie früher an der Hand ihrer Oma am Sonntag hinausfuhren und dort mit dem Boot immer im Uhrzeigersinn im See herumruderten, sind die anderen begeistert von den warmen Sommerabenden auf der Terrasse des Restaurants und den langen Partynächten mit angesagten DJs.

Auf jeden Fall ist der Waldsee einer der romantischsten Orte in Freiburg, daher ist es nicht verwunderlich, dass die Geschichte im Buch eine waschechte Romanze ist (auch wenn darin ein tiefgefrorenes Hähnchen auftaucht).

Zu erreichen ist der Waldsee mit der Straßenbahn Richtung Littenweiler oder mit dem Rad in etwa 20 Minuten von der Freiburger Innenstadt aus.

Der Winklerberg bei Ihringen
(Am Meer)

Der Kaiserstuhl ist von Freiburg aus nur 15 Kilometer entfernt und eines der besten Weinanbaugebiete Deutschlands. So liegt es nur nahe, hier einen Weinberg-Krimi spielen zu lassen. Auch wenn der Weinberg in der Geschichte Am Meer ein virtueller Weinberg war, galt der Winklerberg bei Ihringen als Vorlage. Er befindet sich am südwestlichen Zipfel des Kaiserstuhls und bietet bei klarem Wetter einen tollen Blick über die Rheinebene.

Das Klima, das eines der wärmsten in Deutschland ist, und die mediterran anmutende Natur machen den Berg mit seiner Vulkanfelslandschaft zu einem beliebten Ausflugsziel. Bei einem Spaziergang kann man zwischen den Trockenmauern die eine oder andere grünlich schimmernde Smaragdeidechse sehen oder eine der seltenen Rotflügeligen Ödlandschrecken beobachten und sich dabei wie in der Toskana fühlen.

Es lohnt sich, dem Spaziergang eine Weinprobe in Ihringen folgen zu lassen, denn der Winklerberg gilt als Wiege des Kaiserstühler Edelweinbaus. Danach sollte man aber locker ein Stündchen mehr für die Radtour zurück einplanen.

Der Colombipark
(Irritationen im Paradies)

Der Colombipark befindet sich am Rand der Freiburger Innenstadt am Rotteckring und ist ein Schmuckstück gärtnerischer Sorgfalt. Hier kann man sich nach dem Einkaufen ausruhen, die schönen Blumen bewundern und entrückt dem Treiben der Stadt zusehen.

Im Park befindet sich ein liebevoll gepflegter Weinlehrpfad mit verschiedenen Rebsorten, der an die frühere Nutzung des Geländes als Weinberg erinnert. Beim Herumschlendern trifft man auf einen Brunnen mit einem Jungen, der auf einer Schnecke reitet – wieso eigentlich? – und auf eine schöne Frau, beide ziemlich reglos.

Und als wäre der Park an sich nicht schon schön genug, wird das Ganze noch gekrönt durch das schmucke Colombischlössle, in dem seit 1983 das Archäologische Museum der Stadt untergebracht ist.

Kein Wunder, dass die Freiburger begeistert von ihrem Colombipark sind und ihn als Ort der Entspannung, der inneren Einkehr und des regen Drogenhandels nutzen.

Weil am Rhein

(Lesereise, unblutig)

Die Stadt Weil am Rhein befindet sich im Dreiländereck Deutschland-Schweiz-Frankreich und ist mit der Bahn von Freiburg aus bequem zu erreichen. Sie ist dank ihrer Lage am Rande des Tüllinger Berges eine Weinstadt, hier werden unter anderem Spätburgunder und Gutedel angebaut und es lohnt sich, an einer Weinverkostung in einem der Weingüter teilzunehmen.

Unbedingt ansehen sollte man sich das berühmte Vitra Design Museum, das schon von außen eine Augenweide ist. Es gibt noch viele weitere interessante Sehenswürdigkeiten wie das alte Stapflehuus aus dem 16. Jahrhundert, das Museum am Lindenplatz oder die Parkanlage, die auf dem Gelände der „Grün 99", der Landesgartenschau, die 1999 in Weil am Rhein stattfand, entstanden ist.

Wer zum ersten Mal nach Weil am Rhein kommt, wird vielleicht ein bisschen irritiert sein und sich selbst der frühen Demenz verdächtigen, denn immer einmal wieder sieht man an so ungewöhnlichen Stellen wie auf einem Hausdach einen überdimensional großen Stuhl stehen. Mit der Zeit aber gewöhnt man sich dran.

Die Zähringer Burg

(Der Schatz der Zähringer)

Wer das Glück hat, als Zähringer geboren worden zu sein, ist stolz darauf und das zu Recht. Denn schließlich fing hier alles an: die oberhalb der kleinen Ortschaft Zähringen auf einem Berg stehende Zähringer Burg war einst im Besitz der Gründer der Stadt Freiburg, dem Geschlecht der Zähringer. Die Burg wurde im Jahre 1128 zum ersten Mal urkundlich erwähnt und gehörte Herzog Bertold II.

Heute sind von der einstmals stolzen Burganlage nur noch der Bergfried und ein paar der Umfassungsmauern zu sehen. Die Burgruine gehört der Stadt Freiburg, liegt aber auf dem heutigen Gemarkungsgebiet des Gundelfinger Ortsteils Wildtal.

Den runden Turm kann man besteigen und wird oben mit einem traumhaften Blick belohnt. Normalerweise ist der Turm zugeschlossen, den Schlüssel erhält man im Waldgasthaus, das sich etwas unterhalb der Burg befindet. Das Waldgasthaus gibt es schätzungsweise mindestens so lange wie die Burg oder sogar noch länger, denn fragt man den ältesten noch lebenden Freiburger, ob er schon als junger Mann im Gasthaus Wein getrunken habe, so wird er das kräftig bejahen. Auf die Frage, ob die Burg damals schon stand, wird er kopfschüttelnd erzählen, dass man sie nach dem Einkehren zwar gesucht, aber nirgendwo habe finden können. Wenn das kein Beweis ist!

Die Hochburg bei Emmendingen

(Der Schatz der Zähringer)

Nein, die Hochburg hat nicht deshalb ein „Hoch" in ihrem Namen, weil sie so hoch oben auf dem Hornberg steht – was jeden Radfahrer beim schweißtreibenden Finale der Anfahrt kräftig fluchen lässt –, sondern weil sie bei ihrer ersten urkundlichen Erwähnung im Jahre 1094 einem gewissen Dietrich von Hachberg gehörte.

Seit damals hat sie sich gut entwickelt, erst zu einer imposanten Festung, und schließlich, nach ihrer Zerstörung im Pfälzischen Erbfolgekrieg 1689, zu einer der größten Burgruinen in ganz Baden.

Wer das Glück hatte, sich in dieser riesigen, teils recht gut erhaltenen Ruine als Kind herumtreiben zu dürfen, wird noch heute leuchtende Augen bekommen beim Gedanken an die vielfältigen Möglichkeiten, die sie zu bieten hat, wie: Verstecken spielen in düsteren Geheimgängen, Braten von Regenwürmern in der einstigen Küche, dreimal in den Brunnen spucken, feindliche Übernahme aller umliegenden Ortschaften und vieles mehr.

Erreichbar ist die Hochburg von Freiburg aus zum Beispiel mit dem Fahrrad, wer nicht trainiert ist, nimmt das Auto.

Die Honigspur

von Ralf Kurz

320 Seiten, Euro 11,90

Beim Überfall auf einen Freiburger Juwelier wird eine Kundin vor den Augen ihres Mannes getötet. Kriminalhauptkommissar Bussard wird schnell klar, dass es sich nicht um einen gewöhnlichen Raubmord handelt, die Kundin wurde regelrecht hingerichtet.

Bussard vermutet eine Beziehungstat und ermittelt im privaten Umfeld des Opfers. Dabei stellt sich heraus, dass die Tote offenbar für einen ausländischen Geheimdienst gearbeitet hat. Das BKA übernimmt den Fall und Bussard ist außen vor.

Doch dann geschieht ein zweiter Mord.